みんなが欲しかった！

公務員

合格への はじめの一歩

第2版

TAC公務員講座 編著

法律科目 憲法・民法・行政法

JN015665

TAC出版

TAC PUBLISHING Group

はしがき

本書は、**大卒程度の公務員試験**を目指す方を対象とした**学習入門書**です。

　公務員となるためには、まず志望する職種の採用試験に合格しなければなりません。公務員試験は、職種ごとに試験が設けられており、試験の仕組みも複雑です。また、試験の内容も多岐にわたり、学習範囲が広い試験でもあります。

　「法律科目」編である本書は、出題科目の中でウエイトの大きい**「法律系科目」**の**"基本"**を理解していただくことを目的に作られました。

　オリエンテーション編では、「法律系科目」の概要と学習方法、「法律」を理解するための基礎知識について説明しています。

　入門講義編では、**憲法、民法、行政法**の法律系科目**主要3科目**の重要事項をていねいに説明しています。イラストや板書を豊富に収録しているのでスムーズに読み進めることができるでしょう。

　公務員試験の法律系科目は分量も多いので、効率よく学習するためには、全体像をきちんと把握してから学習をはじめることが大切になります。そのために**入門講義編**では、**主要3科目の"核"**となることがらを厳選して説明しています。ただし、初学者の方は、入門講義編からいきなり読まずに、必ず**オリエンテーション編**を読んでから**入門講義編**に進んでください。

　それでは、本書をスタートラインに、受験学習の一歩を踏み出しましょう。
　みなさまが、本試験に合格されることを祈念します。

2024年2月
TAC公務員講座

本書の効果的な学習法

1　オリエンテーション編で試験、資格について知りましょう！

　オリエンテーション編は、公務員試験 法律科目の学習内容と法律の基礎知識についてまとめています。学習を始める前のウォーミングアップとして目を通してください。

2　入門講義編で法律主要3科目の学習内容の概要を学びましょう！

　入門講義編では、法律主要3科目である憲法、民法、行政法について、主要テーマであり、かつ各法律を理解するための土台となる知識をわかりやすくまとめています。各科目の学習がはじめての方でも無理なく読めるよう、やさしく身近な言葉を使った本文で、図解も満載。楽しく読み進めていくことができます。知識確認として、「過去問チェック！」を解き、実際の試験問題も体感してみましょう。

キーワードや重要ポイントを
示しています。

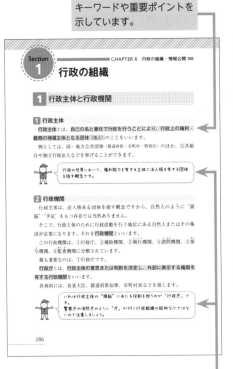

記述内容を別角度からさらにわ
かりやすく解説しています。

●板書
重要ポイントが
一目瞭然です！

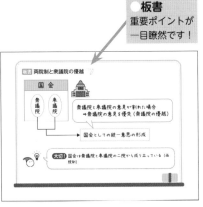

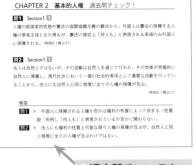

●過去問チェック！
入門講義編を読めば解ける
問題を厳選しています！

CONTENTS

読者特典　ダウンロードサービスのご案内

　さまざまな公務員の仕事や試験区分、試験制度についてまとめたCHAPTER
について、PDFファイルをダウンロードするサービスをご利用いただけます。
　以下の手順でTAC出版書籍販売サイト「CYBER BOOK STORE」からダウ
ンロードできますので、ぜひご利用ください。

❶　CYBER BOOK STORE（https://bookstore.tac-school.co.jp/）に
　アクセス

こちらのQRコードからアクセスできます

❷　「書籍連動ダウンロードサービス」の「公務員 地方上級・国家一般職
　（大卒程度）」から、該当ページをご利用ください。
　　⇒　この際、次のパスワードをご入力ください。

202511085

オリエンテーション編

＊学習マップ

Section 1　法律系科目の学習方法
Section 2　法律についての基礎知識

憲法　　　　　　民法　　　　　行政法

学習マップ

本書で解説する法律系主要3科目
憲法・民法・行政法の相互関係を
ざっくりマップにしました

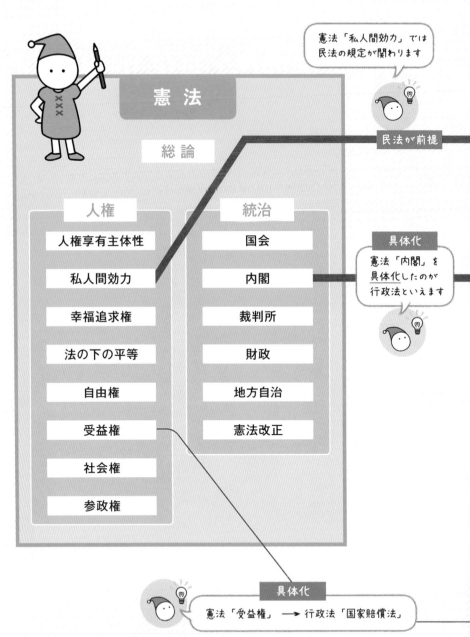

憲法「私人間効力」では
民法の規定が関わります

憲 法

総 論

民法が前提

人権

| 人権享有主体性 |
| 私人間効力 |
| 幸福追求権 |
| 法の下の平等 |
| 自由権 |
| 受益権 |
| 社会権 |
| 参政権 |

統治

| 国会 |
| 内閣 |
| 裁判所 |
| 財政 |
| 地方自治 |
| 憲法改正 |

具体化

憲法「内閣」を
具体化したのが
行政法といえます

具体化

憲法「受益権」 ➡ 行政法「国家賠償法」

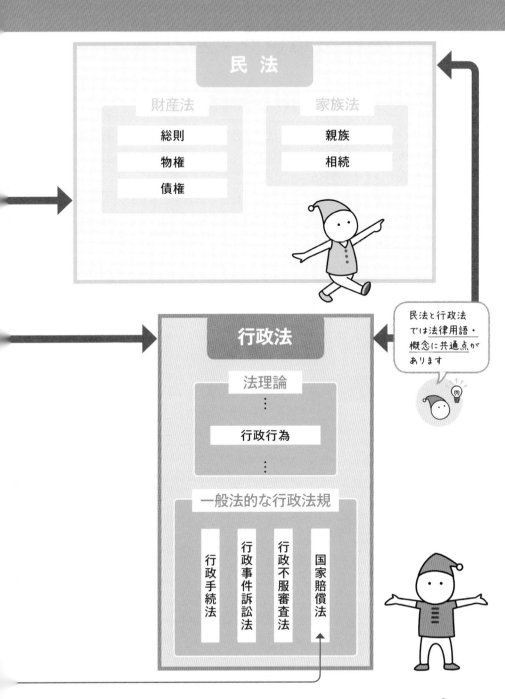

民法

財産法
総則
物権
債権

家族法
親族
相続

行政法

法理論
⋮
行政行為
⋮

一般法的な行政法規

行政手続法
行政事件訴訟法
行政不服審査法
国家賠償法

民法と行政法では法律用語・概念に共通点があります

Section 1 法律系科目の学習方法

1 公務員試験における法律系科目

　公務員試験の専門試験における法律系科目では、**憲法・民法・行政法**3科目が多くの試験種で出題される法律となっていますので、主要科目として位置づけられています。

　刑法や労働法・商法など上記3科目以外から出題をする試験種もありますが、専門試験で法律系科目を選択して受験する場合には、この3科目の学習が中心となります。

【法律系科目】

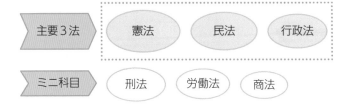

重要なのは憲法・民法・行政法です。

2 3科目の相互関係

　憲法・行政法・民法は、相互に関連性をもっています。

1 憲法と行政法の相互関係

　憲法と行政法の関連性はとても強いものとなっています。具体的には、**行政法自体が憲法「統治」分野の「内閣」を具体化した法律**といえます（学習

マップ参照）。行政法には、憲法「内閣」を具体化する法律がたくさん含まれています。例えば、上中下巻からなる書籍の上巻が「憲法」、中・下巻が「行政法」というイメージです。

【憲法と行政法の関連性】

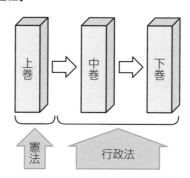

また、憲法「人権」分野の**判例**（ある訴訟における最高裁判所の判決）として学習した事件は、行政法でも登場することが多くあります。

> 憲法では"マクリーン事件"のような事件名がついている訴訟が多いのですが、行政法でも同じ事件名の判例が数多く登場し、同じ事件を共通で学習します。

他にも、

　　憲法・人権分野「受益権（国家賠償請求権）」→行政法「国家賠償法」

（学習マップ参照）

などの関連性があります。また憲法・人権分野で登場する事件は、行政法の中の「国家賠償法」に基づく国家賠償請求訴訟であることも多くなっています。

2 憲法と民法の相互関係

　憲法と民法は、直接的な関係は薄いのですが、憲法「私人間効力」では、民法の規定が前提として登場します（学習マップ参照）。

3 民法と行政法の相互関係

　民法と行政法は、憲法と行政法のような強い関連性はありませんが、**法律用語や概念が共通**になっている部分があります。

　大学法学部のカリキュラムでは、民法は基礎科目として1年時から学習し、行政法は専門科目として2年時以降に学習することが多くなっています。その際、民法で学習した法律用語などをベースに行政法が説明されることが多いようです。

"無効"や"取消し"などの法律用語を理解する際には、民法の方で身近な出来事を例に理解した上で、行政法でもそれを使って理解していった方がスムーズな学習ができます。

　一方で、行政法が民法の法律概念を用いて理論を構築しているところもあります。例えば「法律行為」という用語が民法では使われますが、この概念を行政法でも用いて理論的な整理を行っています。

【3科目の関連性】

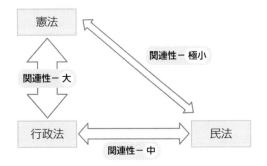

3 合理的な学習順序

このような3科目の相互関係を前提にすると、

① 憲法と行政法では、憲法を先に学習した方が、

② 民法と行政法では、民法を先に学習した方が、

それぞれ合理的ということになります。

憲法と民法については、内容面からはどちらを先に学習しても問題ありません。ただ、民法は難しく感じる受験者も多く、最終的に選択しない受験者もいます。

一方、③憲法は避けることはできない科目ですので、学習を先行させ、早めに終えておきたい科目といえるでしょう。

以上①②③の条件を満たす学習順序は、**憲法⇒民法⇒行政法**ということになります。

【3科目の学習順序】

①憲法 ➡ ②民法 ➡ ③行政法

4 法律系主要3科目の出題内容と形式

1 出題形式

法律系科目の出題形式には**択一式試験と記述試験**があります。

「択一試験」とは、「妥当なものはどれか」「妥当でないものを全て挙げている組合せはどれか」という形で5つの選択肢から1つを選ばせる形式の出題です。一方、「記述試験」とは、800字から1200字程度の論文を作成する試験です。記述試験を出題する試験種は限られています。

択一式試験対策と記述試験対策で学習する範囲・対象が異なるわけではありません。ただ、解答方法が異なりますので、途中から対策は分けて行う必要があります。学習の順番としては、択一用に基礎知識を身につけた後で記

オリエン編

述対策の学習をはじめるとよいでしょう。

【3科目の出題数の比較】

		国家系					地方系				
		国家一般職	国税専門官	財務専門官	裁判所一般職	労働基準監督官	地方上級（全国型）	地方上級（関東型）	地方上級（中部北陸型）	東京都Ⅰ類	特別区Ⅰ類
憲法	択一	5	3	6	7	4	4	4	5	×	5
	記述	×	○	○	○	×	一部のみ			○	×
民法	択一	10	6	5	13	5	4	6	7	×	10
	記述	×	○	○	×	×	一部のみ			○	×
行政法	択一	5	3	8	×	4	5	5	8	×	5
	記述	×	×	×	×	×	一部のみ			○	×

※数字は出題数

2 出題対象

　法律の試験における出題対象は、**条文・判例・学説**です。

　「条文」とは、法律の内容そのものです。判例は、裁判所の出す判断を指します。「学説」とは、学者の先生達が主張している理論的な考え方を指します。

> 学説では「通説」が重要です。「通説」とは学界で通用している一般的な考え方（主流派の立場）をいいます。

　条文や判例の出題ウエイトについては科目や分野によって異なってきますが、**条文が法律学習の基本**であることは間違いありません。また、学説の深い知識が公務員試験で求められることはほとんどありませんので、あまり重視する必要はないでしょう。

【出題の対象】

条文	判例	学説
条文の内容そのもの	裁判所の判断	学者の主張する理論

3 法律科目の学習のしかた

　条文や判例によって形成された"ルール"の内容を覚えていくことが必要ですので、暗記学習が中心となります。ですが、その前提として**法律用語や法律上の概念に慣れておく必要があります**。

　どの学問においても前提とする枠組みや概念があります。また、法律用語は、日常の用語とは異なる意味付けがされていることも多く、自分勝手な理解をしてしまうと効率的に学習が進められなくなることもでてきます。そのため、法律用語や法律の概念をしっかり学習することが肝要です。

> たとえば、「無効」と「取消し」は、"契約がなくなる""代金等を払わなくてよい"等の結論は同じであり、日常生活の中では明確に区別する必要性は薄いものといえます。しかし、法律の試験の世界では、"無効"なのか、"取消し"なのかは重要な違いであり、明確に区別しておく必要があります。

　まずは、それぞれの科目における**概念や用語を正しくイメージできるよう**にしていきましょう。そして、法律で規定している"ルール"の内容を覚えていきましょう。丸暗記をすればよいわけではありませんが、暗記を怠ると得点できません。必要事項は**地道に暗記をしつつ、過去問等でしっかり問題演習をしていけば合格に必要な力はついていくはずです**。

法律についての基礎知識

1 「法」とは何か

1 法規範

　法律とは、「規範」の一つです。「規範」とは守るべきルールを指す言葉であり、私達が社会の中で守るべきルールのことを広く「社会規範」といいます。

　社会規範には、道徳や慣習、宗教上の教義なども含まれます。**法規範（法律）も社会規範の一つですが、他の社会規範との違いは、"国家による強制力"** が働くことです。

> 刑法をイメージすると分かりやすいでしょう。刑法に規定された"犯罪"を犯すと国家による強制力のもと刑罰（刑務所に一定期間入る懲役刑など）を科されることになります。

2 法の形式

　日本における法の形式（名称）には、**憲法・条約・法律・命令・条例**などがあります。

　「憲法」とは、国の最高法規であり、国家の統治体制の基礎を定める基本法です。

　「条約」とは、国家（もしくは国際組織）間における文書による合意のことです。

　「法律」とは、議会（国会）で制定される法規範です。

　「命令」とは、国の行政機関が制定する法規範を指す総称です。具体的には、内閣が制定する「政令」、各省大臣が制定する「省令」などがあります。

　「条例」とは、地方公共団体の議会（地方議会）で制定される法規範です。

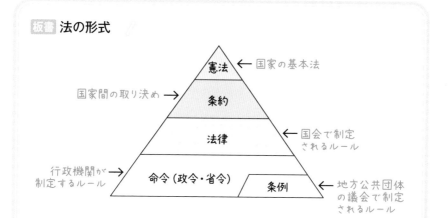

板書 法の形式

憲法 ← 国家の基本法
国家間の取り決め → 条約
法律 ← 国会で制定されるルール
行政機関が制定するルール → 命令（政令・省令）　条例 ← 地方公共団体の議会で制定されるルール

2 法の分類

1 公法と私法

　法は、大きく「公法」と「私法」に分けられます。「公法」とは、国家・公共団体の内部関係や国家・公共団体と私人との関係を規律する法を指します。憲法、行政法、刑法、民事訴訟法は「公法」になります。

　「私法」とは、私人相互の関係を規律する法を指します。民法、商法は「私法」になります。

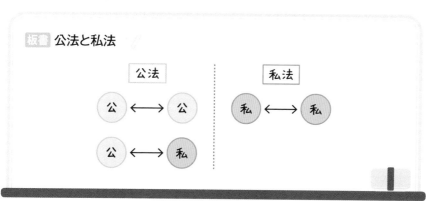

板書 公法と私法

公法　　　　　　　私法
公 ←→ 公　　　　　私 ←→ 私
公 ←→ 私

2 実体法と手続法

次に「実体法」と「手続法」という分類軸があります。

「実体法」とは、法律関係や権利義務の実質的な内容を規定する法をいいます。民法や刑法は「実体法」になります。

「手続法」とは、実体法により定まる法律関係や権利義務の内容を実現するための手続を規定する法をいいます。民事訴訟法、行政事件訴訟法、行政手続法は「手続法」になります。

3 一般法と特別法

さらに法律は、「一般法」と「特別法」にも分けられます。

「一般法」とは、ある事項について一般的に規定した、適用される範囲の広い法のことです。民法、行政手続法は「一般法」になります。

「特別法」とは、特定の人や事柄に限定して適用される法のことです。借地借家法・会社法は「特別法」になります。

【一般法と特別法】

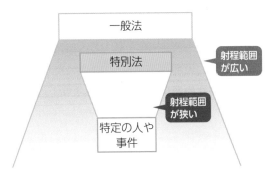

3 法の効力関係

1 上位法優位原則

日本の法形式間の優劣関係は、**憲法＞条約＞法律＞命令＞条例**となってい

ます。**上位の法は下位の方に優先**しますので、下位法は上位法に反すること
はできません。

【上位法優位原則】

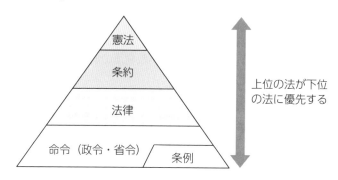

2 **特別法優位原則**

　特別法と一般法では、**特別法の方が優先的に適用**されます。したがって、
特別法に規定が存在している場合、一般法の規定の適用は排除されることに
なります。

【特別法優位原則】

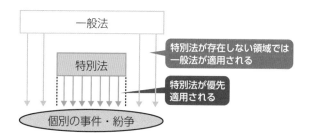

3 判例とは何か

　判例とは、先例として機能する裁判例・判決例のことを指します。最高裁判所の判断だけでなく、下級裁判所（高等裁判所や地方裁判所）の判断を含めて広く裁判例全般を指す場合もありますが、特に最高裁判所の判断を「判例」とよび、下級裁判所の判断は「裁判例」とよんで区別するのが一般的といえます。

　司法機関としての最終判断である"**最高裁判所の判断＝判例**"には、先例として事実上の強い拘束力があります。

 日本では、裁判所で3回審査を受けられる三審制という仕組みが採用されていますが、その三審制の最終審が最高裁判所になります。

【判例とは】

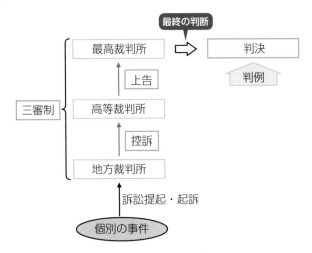

入門講義編

第1編
憲 法

序　憲法・学習ガイダンス

CHAPTER 1　総　論

CHAPTER 2　基本的人権

CHAPTER 3　統　治

序 憲法・学習ガイダンス

1 出題内容と傾向

　憲法は、法律系科目の中で最も安定して得点が取れる科目です。

　憲法は一度も改正されたことがなく、条文数も（実質的には）99条までしかありませんので、出題される材料（ネタ）はほとんど変わることがありません。したがって、学習すべき分量も多くないので受験生にとっても取り組みやすい科目といえます。また、記述試験で憲法が選択されることも多いので、法律系科目の中では最も重視すべき科目といえるでしょう。

　判例に関しても、憲法判例として学習すべき判例は毎年のようにいくつも出るものではありません。そのため過去問が繰り返し出される傾向が非常に強い科目になっています。

　過去問の出題内容の内訳は、人権分野では主に判例、統治分野では条文（&通説）を中心とした問題が出題されています。

2 学習のしかた

　憲法においては、判例や条文を覚えているかが問われますので、暗記中心型の学習が求められます。「テキストを読み込んで知識を暗記⇒問題演習を通じて暗記しているかを確認」という流れで知識を定着させていきましょう。

　問題演習は、過去問演習がお勧めです。その際、次のことに注意してください。

①人権分野は判例を中心に出題されます。最高裁がどのような判断を下したかその表現を極力、そのまま覚えていく必要があります。

②統治分野は条文中心に出題されます。ただし条文の内容を理解するために通説の知識も必要になることがありますので注意してください。一方、判例は裁判所など一部の分野を除いてほとんど出題されません。

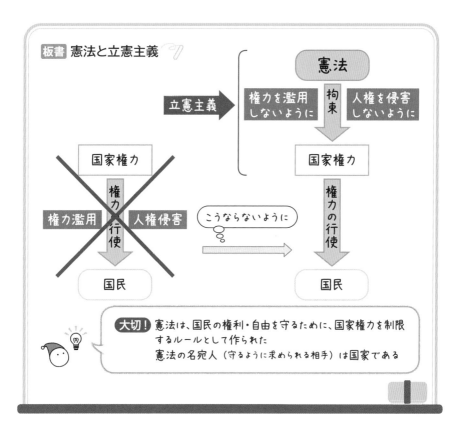

3 基礎知識

1 憲法と立憲主義

　憲法は国家の基本法です。その目的は、**国民の権利や自由を守るために国家権力を制限する**ことにあります。

　したがって、民法や刑法などの法律と異なり、国民が守るように求められているルールではなく、国家権力が守るように求められているルールになっています。

　国民の自由や権利を守るために、憲法によって国家権力を制限していこうとする考え方を「立憲主義」といいます。

板書 憲法と立憲主義

立憲主義

憲法

権力を濫用 しないように　拘束　人権を侵害 しないように

国家権力

国家権力

権力の行使

権力濫用　人権侵害

こうならないように

権力の行使

国民

国民

大切！ 憲法は、国民の権利・自由を守るために、国家権力を制限するルールとして作られた
憲法の名宛人（守るように求められる相手）は国家である

2 全体構造

　憲法は**基本的人権**と**統治機構**の２つの分野から構成されています。

　憲法は国民の権利・自由を守ることを目的に作られたルールです。したがって、**基本的人権の保障が目的**であり、**統治機構の規定はそのための手段**として規定されていると考えられています。

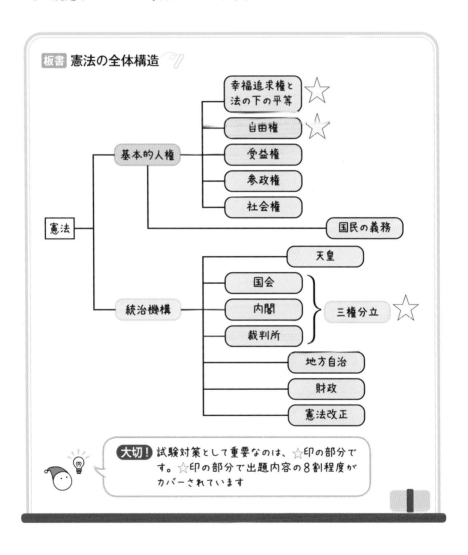

板書 憲法の全体構造

憲法
- 基本的人権
  - 幸福追求権と法の下の平等 ☆
  - 自由権 ☆
  - 受益権
  - 参政権
  - 社会権
- 国民の義務
- 統治機構
  - 天皇
  - 国会 ┐
  - 内閣 ├ 三権分立 ☆
  - 裁判所 ┘
  - 地方自治
  - 財政
  - 憲法改正

大切！ 試験対策として重要なのは、☆印の部分です。☆印の部分で出題内容の８割程度がカバーされています

CHAPTER 1

総 論

憲法は「基本的人権」と「統治機構」の
2つの分野に分かれますが、両方に関係
する憲法の前提的な知識を「総論」で学
習していきます。憲法の基本的な原理・
原則についての話です。

Section 1　憲法の意味

1　憲法規範の特質

憲法規範には、①**自由の基礎法**、②**制限規範**、③**最高法規**という3つの特質があります。

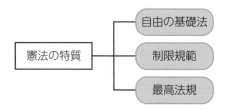

❶　自由の基礎法

憲法が制定された目的は、国民の自由が国家権力によって不当に制限されることのないようにすることでした。

そこで、憲法は、国民の自由を保障する規定（人権規定）をおき、**国民の自由を基礎づける自由の基礎法**としての特質を備えています。

❷　制限規範

憲法が自由の基礎法として国民の自由を守るためには、国民の権利・自由を侵害する可能性の高い存在である国家権力を制限していくことが必要になります。

そこで、憲法は、国民の自由を国家権力から守るという意味で、**国家権力を制限する法**（＝制限規範）としての特質も備えています。

❸　最高法規

憲法が国民の自由を守るため国家権力を制限していく法であるとすると、すべての国家権力よりも上位にあって、すべての国家権力に歯止めをかけることが可能でなければなりません。

そのためには、憲法の効力が他の法規範に優越し、わが国の法体系のなか

で最上位にあることが必要になります。このことを憲法の**最高法規性**といいます。その結果、**憲法に反する法規範は無効**となります。

　このことは98条1項（「この憲法は、国の最高法規であって、その条規に反する法律、命令、詔勅及び国務に関するその他の行為の全部又は一部は、その効力を有しない」）に明記されています（条約が含まれていませんが、憲法は条約にも優位します）。

憲法に反することを「違憲」といいます。

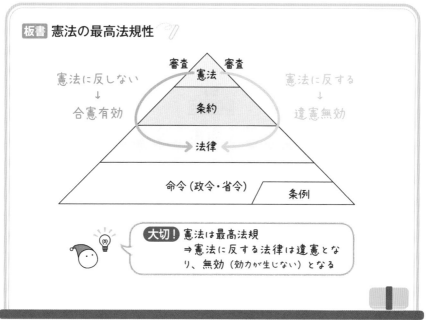

板書 憲法の最高法規性

憲法に反しない
↓
合憲有効

審査　審査

憲法
条約
法律
命令（政令・省令）　条例

憲法に反する
↓
違憲無効

大切！ 憲法は最高法規
⇒憲法に反する法律は違憲となり、無効（効力が生じない）となる

2 三権分立

1 権力分立制

　国家権力が1つの国家機関に集中すると、権力の濫用（らんよう）が生じ、国民の権利・自由が侵害されるおそれが生じます。

そこで、国家の作用を性質に応じて区別し、それを分離して異なる機関に担当させるようにします。それによって各機関が抑制し合い、**相互に均衡を保つことで国民の人権を保障しようとする仕組み**が権力分立制です。

2 三権分立

権力分立制の典型的なあり方が**立法権・行政権・司法権**の３つに分ける三権分立です。日本国憲法においては、**立法権を国会に、行政権を内閣に、司法権を裁判所に**担当させています。

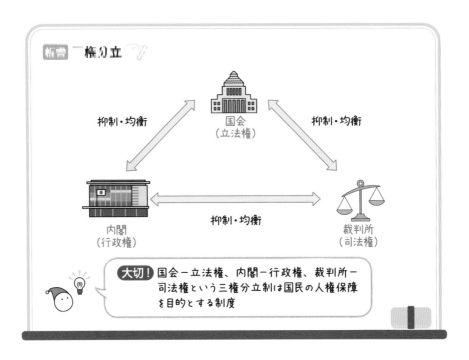

板書 三権分立

国会
（立法権）

抑制・均衡

抑制・均衡

内閣
（行政権）

抑制・均衡

裁判所
（司法権）

大切！ 国会－立法権、内閣－行政権、裁判所－司法権という三権分立制は国民の人権保障を目的とする制度

Section 2　憲法の基本原理

【憲法の三大原理】

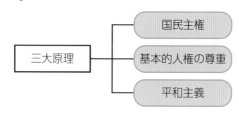

三大原理
- 国民主権
- 基本的人権の尊重
- 平和主義

1　国民主権

　「国民主権」とは、簡単にいえば、国民が政治の主人公であるということです。もう少し厳密な言い方をすれば、この場合の**主権**とは**国政の最高決定権**のことを指しています。

　したがって、国政の最高決定権が国民にあること、つまり、**国民に国の政治のあり方を最終的に決定する力がある**ということです。

2　基本的人権の尊重

　「基本的人権」とは、**人間であることにより当然に有する権利**を指すとされています。

　憲法は国民の自由を守るための法ですから、国民の権利・自由の保障を意味する基本的人権の尊重は、憲法がよって立つ大きな原理です。

> ただし、基本的人権という表現は、人権の中で基本的なものを特に指すものではなく、人権が基本的な権利であることを明らかにするための表現にすぎません。「基本的人権」＝「人権」と考えておきましょう。

基本的人権には、①普遍性、②固有性、③不可侵性の３つの性質があると
されています。

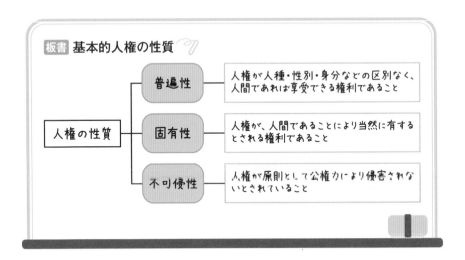

板書 基本的人権の性質

人権の性質
- 普遍性 ── 人権が人種・性別・身分などの区別なく、人間であれば享受できる権利であること
- 固有性 ── 人権が、人間であることにより当然に有するとされる権利であること
- 不可侵性 ── 人権が原則として公権力により侵害されないとされていること

3　平和主義

　日本国憲法では、徹底した平和主義の立場をとっており、戦争放棄・戦力
不保持等を明文で宣言（9条）しています。

CHAPTER 1　総論　過去問チェック！

問1 Section1 1

憲法は、国の最高法規であって、その条規に反する法律、命令、詔勅及び国務に関
するその他の行為の全部又は一部は、その効力を有しないとしており、条約が除外
されていることから、条約は憲法に優位する。(特別区Ⅰ類2015)

解答
問1　×　前半は憲法98条1項の内容として正しいが、条約よりも憲法が優位
　　　　している（通説）。

CHAPTER 2

基本的人権

ここでは日本国憲法が保障している「基本的人権」にはどのようなものがあるかについて見ていきます。「人権」分野で出題されるのは判例ですが、まずは、その前提となる条文の規定内容について知っておきましょう。

人権総論

1 人権の主体

1 人権の主体とは

　ここでは、憲法に規定されている人権が保障されるのは誰かということを学習します。日本国民が対象となるのは当然なので、ここで問題になるのは**外国人**や**法人**です。

2 外国人の人権

　人権の普遍性から、外国人にも人権は保障されると考えられますが、日本国民と全く同じように保障されているわけではありません。

　外国人の人権保障については、**権利の性質上、日本国民のみを対象としているものを除き、外国人にも人権が保障される**、とされています（判例・通説）。

> この考え方を性質説といいます。人権の性質によって、外国人に保障できる人権かどうかが決まるとする考え方です。

　たとえば選挙権は、国民主権原理の表れとして国民が国の政治に参加するための権利です。「国民主権」とは、国政の最高決定権が国民にあるとする原理です。したがって、権利の性質上、選挙権は日本国民のみを対象としているものであり、外国人には保障されない、と判断されます。

　また、その点に関連してわが国の政治的意思決定に影響を及ぼすような政治的活動の自由も、外国人には保障されていません（マクリーン事件）。

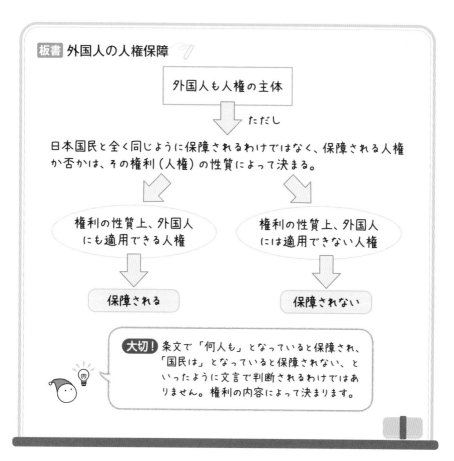

板書 外国人の人権保障

外国人も人権の主体

↓ ただし

日本国民と全く同じように保障されるわけではなく、保障される人権か否かは、その権利（人権）の性質によって決まる。

権利の性質上、外国人にも適用できる人権

↓

保障される

権利の性質上、外国人には適用できない人権

↓

保障されない

大切！ 条文で「何人も」となっていると保障され、「国民は」となっていると保障されない、といったように文言で判断されるわけではありません。権利の内容によって決まります。

③ 法人の人権

株式会社などの法人も、社会のなかで有用な役割を果たしていることから、人権の主体として認められており、権利の性質上可能な限り人権が保障されるとされています（判例・通説）。

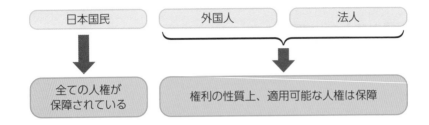

2 人権の限界

1 公共の福祉

　人権といえども絶対無制約というわけではありません。

　他人の権利を侵害する形で人権が行使された場合や人権同士のぶつかり合いが生じた場合には、人権が制約されることを認めなければ、すべての国民に人権を公平に保障することはできないからです。

　したがって、他者加害の防止や人権相互の調整のために人権も制約されることはあることになります。

　このような場合に登場する制約の原理、根拠となる考え方が、公共の福祉といわれるものです。

他者加害の防止や人権相互の調整のための制約 ▶ 公共の福祉による制約

2 私人間効力

　本来、憲法は公権力を制限する制限規範としての性質を有するものです。したがって、国や地方公共団体などの公権力が一般国民などの私人（一般市民や民間の会社など）の人権を侵害した場合には、憲法の問題となります。

たとえば、国が国民Aさんの信仰の自由を侵害するような行為を行った場合、「信教の自由を保障する憲法に違反する！」と言えます。

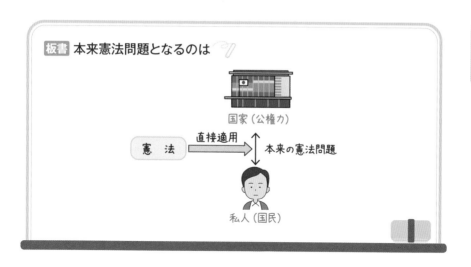

しかし、憲法の本来の性質からすると、私人間において憲法の規定は当然には適用されないのです。

そこで、人権規定が私人間においてどのような効力をもつのかが問題になります。

このようなテーマを憲法学では「私人間効力」と呼んでいます。

人権規定が私人間においてどのような効力をもつかについては、間接適用説という考え方を採るのが判例・通説です。

間接適用説とは、私人間で人権侵害があった場合、直接的には民法等の私法を適用して解決を図りますが、その際に憲法で人権として保障されていることを考慮して判断をしていくという考え方です。

板書 間接適用とは

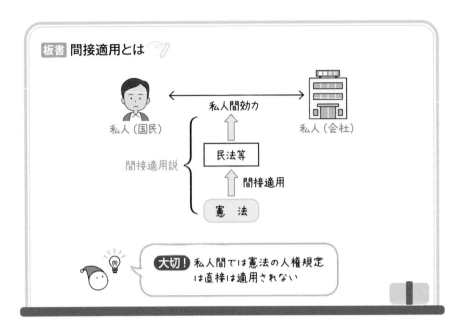

私人間効力

私人（国民）　　　　　　　私人（会社）

間接適用説 { 民法等

間接適用

憲　法

大切！ 私人間では憲法の人権規定
は直接は適用されない

総則的権利

1 幸福追求権

1 新しい人権

　日本国憲法に具体的に明記されている人権は、憲法制定当時に明記すべきとされていた重要な権利を列挙したものにすぎません。その後の社会の変化に伴い、新しい人権として保障すべき要請も出てきました。

　そこで、13条の幸福追求権は、個人の**人格的生存に不可欠**と考えられる権利を、**新しい人権**として、憲法上保障するための根拠となる規定として考えられるようになったのです。

板書 新しい人権 🖊

判例により幸福追求権 (13条)を根拠に認められたと考えられる人権	たとえば →	①名誉権　②肖像権 ③プライバシー権(前科を公表されない権利・指紋押なつを強制されない権利等)

---

2 肖像権

　「肖像権」とは、警察などの国家権力によってみだりに容姿等を撮影されない権利をいいます。

　これが争われた有名な事件が京都府学連事件です。この事件で判例は、承諾なしにその**容ぼう等を撮影されない権利**(肖像権)を憲法13条によって保障される権利としつつも、一定の場合には警察官による無断撮影も許される

とする判断を下しています。

3 プライバシー権

　プライバシー権は、以前は「自己の私生活をみだりに公開されない権利」と考えられていました。しかし、現在では「自己に関する情報をコントロールする権利」（自己情報コントロール権）として範囲を広げた解釈がされるようになってきています。

> ただし、「自己情報コントロール権」として明確に定義づけた判例はありません。

　具体的には、前科を公表されない権利や指紋押なつを強制されない権利が判例上認められています。

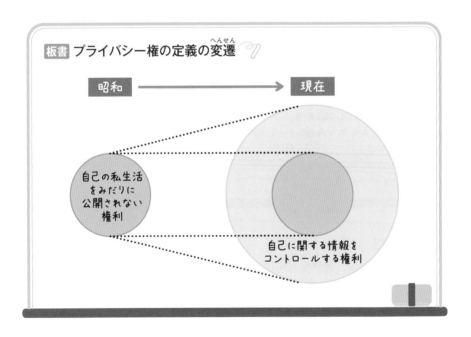

板書 プライバシー権の定義の変遷

昭和 ━━━━━━━━━━→ 現在

自己の私生活をみだりに公開されない権利

自己に関する情報をコントロールする権利

2 法の下の平等

1 法適用の平等と法内容の平等

憲法14条は「すべて国民は、法の下に平等であつて、人種、信条、性別、社会的身分又は門地により、政治的、経済的又は社会的関係において、差別されない」と規定しています。

では「法の下の平等」とはどういう意味なのでしょうか？

「法の下」とは、行政機関・司法機関が法を適用する際の平等（**法適用の平等**）にとどまらず、立法機関が法を制定する際の平等（**法内容の平等**）をも意味しています。

したがって、国が、法律で男性を優遇し、女性を不当に差別する内容を定めた場合、法内容の平等に反し、「法の下の平等」に違反することになります。

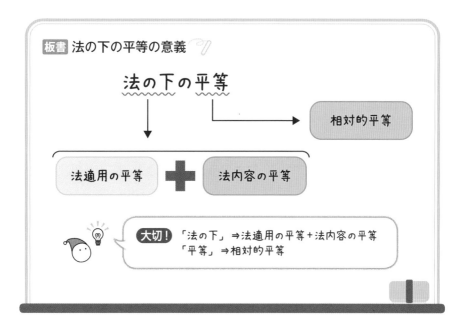

板書 法の下の平等の意義

法の下の平等

→ 相対的平等

法適用の平等 ＋ 法内容の平等

大切！ 「法の下」⇒法適用の平等＋法内容の平等
「平等」⇒相対的平等

2 相対的平等

「平等」とは、絶対的平等ではなく、**相対的平等**のことを指しているとされています。

この「相対的平等」とは、事実上の差異に着目して取扱いに差を設けることも許されるとするものです。したがって、正当な理由があれば、取扱いに差を設けることも許されることになります。

> たとえば、「所得税は1人あたり一律100万円」とすることは、絶対的平等といえます。しかし、これでは、あまり公平な気がしません。こういうケースでは、収入の違いに着目して納める税金の額を変えることの方が公平な気がしますね。このように事実上の違いに着目して取扱いを分けることを許す平等の観念が「相対的平等」です。

板書 相対的平等

● 相対的平等とは

事実上の差異に着目して取扱いに
差を設けることは許される

↓ ただし

合理的なもの（正当な理由のある
もの）であることが必要

↓

合理的区別 ⇒ 合憲
不合理な差別 ⇒ 違憲

精神的自由

1　自由権の分類

　自由権は、その内容が多岐にわたりますが、**精神的自由、経済的自由、人身の自由**の３つに大きく区分することができます。

　具体的な内容も含めて整理すると、以下のとおりです。

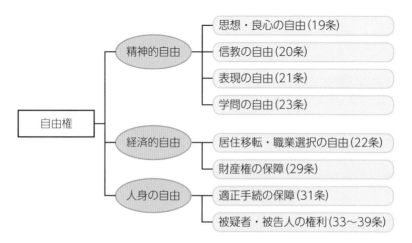

　まず精神的自由から学習していきましょう。

2　思想・良心の自由

　憲法19条は「思想及び良心の自由は、これを侵してはならない」と規定して、思想・良心の自由を保障しています。

　この「思想・良心」とは、世界観、人生観、主義、主張など**個人の内面的精神活動を広く含む**ものと考えられています。

　思想・良心の自由は、内心にとどまる自由なので、Section 1 で学習した「**公共の福祉**」**による制約も許されず、絶対的に保障**される人権です。

　また、思想を理由とする不利益取扱いの禁止、および**沈黙の自由**も保障の

内容に含まれます。

沈黙の自由とは、人の内心の表白を強制されないという自由です。したがって、国家権力が個人が内心において抱いている思想について表明させることは許されないことになります。

3 信教の自由

1 信教の自由の内容

憲法20条1項前段は、「信教の自由は、何人に対してもこれを保障する」と規定して、信教の自由を保障しています。

その内容としては具体的に次の3つが含まれます。

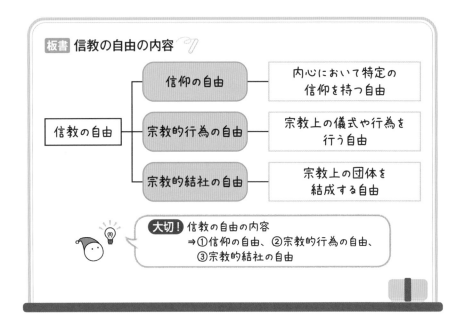

板書 信教の自由の内容

信教の自由 ──┬── 信仰の自由 ── 内心において特定の信仰を持つ自由
　　　　　　　├── 宗教的行為の自由 ── 宗教上の儀式や行為を行う自由
　　　　　　　└── 宗教的結社の自由 ── 宗教上の団体を結成する自由

大切！信教の自由の内容
⇒①信仰の自由、②宗教的行為の自由、③宗教的結社の自由

2 政教分離原則

憲法20条1項後段（「いかなる宗教団体も、国から特権を受け、又は政治上の権力

を行使してはならない」）と３項（「国及びその機関は、宗教教育その他いかなる宗教的活動もしてはならない」）は、政教分離原則の規定です。

　政教分離原則とは、国から特権を受ける宗教を禁止し、国家の宗教的中立性を要求する原則です。

> したがって、国が特定の宗教に肩入れをすることは、この原則に反し憲法違反となりえます。たとえば、特定の宗教団体にのみ補助金を出すなど優遇的な措置をとった場合、国が特定の宗教に援助をしていることになるので、政教分離原則違反の問題が生じます。

　しかし、国・地方公共団体が宗教（宗教団体）と全くかかわりをもたないようにすること、つまり完全な分離をすることは現実的ではありません。

　そこで、政教分離原則は、国家と宗教とのかかわり合いが相当とされる限度を超えるものは許されないとする原則と考えられています。

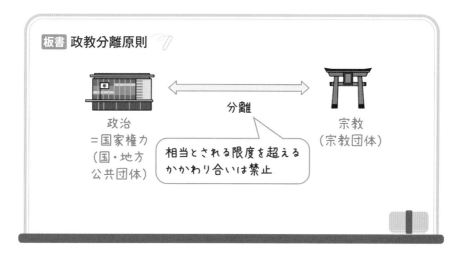

4　表現の自由

1　表現の自由の保障の内容

　憲法21条１項は、「集会、結社及び言論、出版その他一切の表現の自由は、

これを保障する」と規定して、表現の自由を保障しています。

　表現の自由の内容としては、口頭・文書を問わず、思想・意見を外部に発表する行為を広く含み、表現の手段や方法の自由も含まれると解されています。したがって、政治的活動の自由や選挙運動の自由、営利的言論の自由も保障内容に含まれます。さらには、知る権利も含まれています。

報道機関における報道の自由も、表現の自由の1つに含まれており、21条1項で保障されるものといえます。

② 表現の自由の2つの価値

　表現の自由には、自己実現の価値と自己統治の価値の2つの価値があります。

特に、自己統治の価値の存在が、表現の自由の優越的地位を導き出しています。

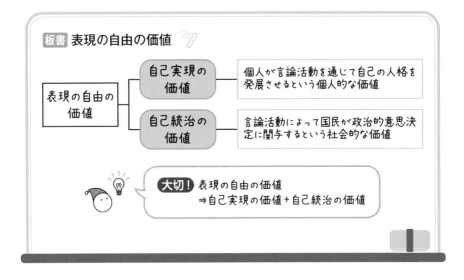

板書 表現の自由の価値

表現の自由の価値 ─┬─ 自己実現の価値 ── 個人が言論活動を通じて自己の人格を発展させるという個人的な価値
　　　　　　　　　└─ 自己統治の価値 ── 言論活動によって国民が政治的意思決定に関与するという社会的な価値

大切! 表現の自由の価値
⇒自己実現の価値＋自己統治の価値

3 検閲の禁止

憲法21条2項前段は「検閲は、これをしてはならない」と規定して、明確に**検閲を禁止**しています。

検閲は、表現行為が行われるに先立って表現行為を抑制する**事前抑制**の典型的なものとして、絶対的に禁止されています。

事前抑制も国家権力による恣意的な言論統制の手段として利用されるおそれの強いものです。そのため原則として禁止されています（事前抑制禁止の原則）。

判例は、検閲の定義を「**行政権が主体**となって、思想内容等の表現物を対象とし、その全部又は一部の**発表の禁止を目的**として、対象とされる一定の表現物につき網羅的一般的に、**発表前**にその内容を審査した上、不適当と認めるものの発表を禁止することを、その特質として備えるもの」としています。

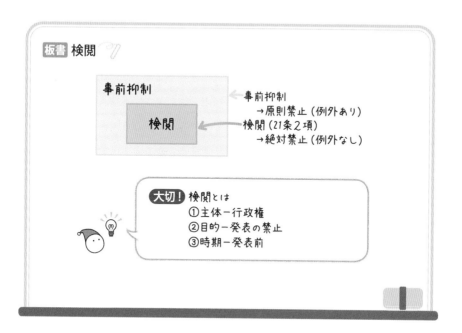

板書 検閲

事前抑制

検閲

→ 事前抑制
　→原則禁止（例外あり）
→ 検閲（21条2項）
　→絶対禁止（例外なし）

大切！ 検閲とは
①主体－行政権
②目的－発表の禁止
③時期－発表前

5 学問の自由

憲法23条は「学問の自由は、これを保障する」と規定して、学問の自由を保障しています。

その内容としては、①学問研究の自由、②研究発表の自由、③教授の自由の3つがあります。

さらに、大学の自治も学問の自由の保障に含まれていると考えられています。大学の自治とは、人事管理や学生の管理など大学内部の事柄に関して大学の自主的な決定に任せ、大学内の問題に外部勢力（例えば文部科学省など）による干渉をさせないことをいいます。

Section 4　経済的自由

1　職業選択の自由

　憲法 22 条 1 項は、「何人も、公共の福祉に反しない限り、居住、移転及び職業選択の自由を有する」と規定して、職業選択の自由を保障しています。

　職業選択の自由とは、自己の従事すべき職業を決定する自由を意味しますが、さらに、自己の選択した職業を遂行する自由、すなわち**営業の自由**も含まれます。

> したがって、薬局や酒屋を営む場合、許可や免許を必要とする制度を設けることは職業選択の自由に対する制約になります。

　職業選択の自由は、表現の自由などの精神的自由と比べて、一般に、より強い制約を受けると考えられています。

　したがって、①他者加害防止を目的とする内在的制約（**消極目的による制約**）だけでなく、②弱者保護を目的とする政策的制約（**積極目的による制約**）にも服することになります。

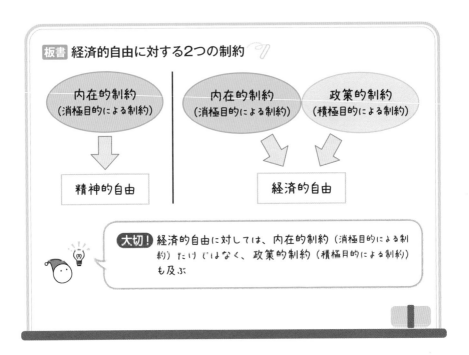

板書 経済的自由に対する2つの制約

- 内在的制約（消極目的による制約）
- 内在的制約（消極目的による制約）
- 政策的制約（積極目的による制約）

↓ 精神的自由

↓ ↓ 経済的自由

大切！ 経済的自由に対しては、内在的制約（消極目的による制約）だけじゃなく、政策的制約（積極目的による制約）も及ぶ

2 財産権

1 財産権の保障

　憲法29条1項は「財産権は、これを侵してはならない」と規定して、財産権を保障しています。

　この財産権には、①個人の現に有する具体的な財産権の保障、②私有財産制の保障という2つの面が含まれています。

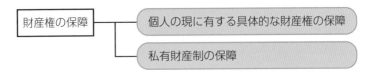

財産権の保障 ── 個人の現に有する具体的な財産権の保障

　　　　　　　└─ 私有財産制の保障

　さらに、29条2項では「財産権の内容は、**公共の福祉**に適合するやうに、法律でこれを定める」と規定して、公共の福祉の観点から、法律によって財

産権が制約可能であることも規定しています。

　したがって、財産権といえども公共の福祉による制約が可能であり、正当な理由があれば、個人の有する財産を国が強制的に奪うことやその使用を制約することができることになります。

2 損失補償

　財産権も公共の福祉による制約が可能ですが、29条3項では「私有財産は、<u>正当な補償</u>の下に、これを公共のために用ひることができる」と規定されています。

　したがって、財産権に対して制約を加える場合、<u>正当な補償</u>が必要です。

　たとえば、道路の用地として私有地を強制的に取り上げる場合、その所有者に対してそれ相応の金銭的補償をする必要があることになります。

人身の自由

1　人身の自由とは

　人身の自由は、自己の身体が肉体的にも精神的にも不当な拘束を受けないことを保障する人権であり、国民の自由を保障するための大前提となる自由です。

　具体的には、不当な逮捕や違法な捜査・取調べ等から国民を守るために規定されている人権です。

2　適正手続

　憲法31条では「何人も、法律の定める手続によらなければ、その生命若しくは自由を奪われ、又はその他の刑罰を科せられない」と規定し、刑事手続における法定手続を保障しています。

　しかし、31条は、①手続が法律で定められていることを要求しているだけでなく（条文には書かれていないものの）、②法律で定められた手続が適正であること、③実体（刑罰が科される行為の内容）が法律で定められていること（罪刑法定主義）、④法律で定められた実体も適正であること、の４つすべてを保障している条文と考えられています。

　そして、②手続が適正であるといえるためには、告知と聴聞を受ける権利の保障がされていることが必要です。

板書 適正手続の保障

告知と聴聞を受ける権利の保障

	法定	適正
手続	①	②
実体	③	④

①手続の法定
②手続の適正
③実体の法定
④実体の適正

罪刑法定主義

大切! 31条が明文で規定しているのは①だけだが、②③④も保障している

3 被疑者・被告人の権利

　被疑者（ひぎしゃ）の権利としては、**逮捕の際の令状主義**（33条）、不当な抑留・拘禁からの自由（34条）などがあります。逮捕の際の令状主義は、人を逮捕するには、原則として司法官憲（裁判官）の発する令状に基づかなければならないとするルールです。ただし、現行犯逮捕の場合は例外です。

　被告人（ひこくにん）の権利としては、公平な裁判所の迅速な公開裁判を受ける権利（37条1項）、弁護人依頼権（37条3項）、**黙秘権の保障**（38条1項）、遡及処罰の禁止および二重処罰の禁止（39条）などが規定されています。

Section 6 社会権

1 社会権の概要

　社会権は、20世紀になって、福祉国家の理念に基づき、特に社会的・経済的弱者を保護し実質的平等を実現するために保障されるに至った人権です。

　自由権と異なり、社会権は国家に一定の施策を要求する権利です。

　社会権には、生存権、教育を受ける権利、勤労の権利、労働基本権があります。

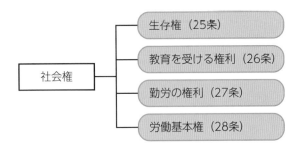

```
                    ┌── 生存権（25条）
                    │
                    ├── 教育を受ける権利（26条）
      社会権 ───────┤
                    ├── 勤労の権利（27条）
                    │
                    └── 労働基本権（28条）
```

2 生存権

　憲法25条1項は、「すべて国民は、健康で文化的な最低限度の生活を営む権利を有する」と規定し、生存権を保障しています。

　ただし、この「最低限度の生活を営む権利」がどのような意味をもつのかについては争いがあります。

　判例上、生存権は個々の国民に対して具体的権利を保障したものではなく、国に対して、国民の生存を確保すべき政治的・道義的義務を課したものにすぎないと考えられています。したがって、それを具体化する法律ができて初めて具体的な権利となるので、25条を直接の根拠として、国に最低限度の生活を送るための給付を求めることはできないことになります。

最低限度の生活を保障するために作られた具体的な法律の代表が生活保護法です。もし仮に生活保護法のような法律が存在しない場合、たとえ最低限度の生活ができない状況になっても、憲法25条を直接の根拠として一定の金銭給付を求めることはできないことになります。

3 労働基本権

憲法28条は、「勤労者の団結する権利及び団体交渉その他の団体行動をする権利は、これを保障する」と規定して、労働基本権を保障しています。

労働基本権とは、具体的には、**団結権、団体交渉権、団体行動権**（争議権）の３つの権利を指します。

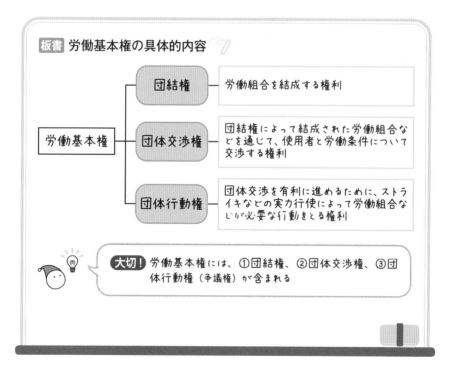

板書 労働基本権の具体的内容

労働基本権

- **団結権** ── 労働組合を結成する権利
- **団体交渉権** ── 団結権によって結成された労働組合などを通じて、使用者と労働条件について交渉する権利
- **団体行動権** ── 団体交渉を有利に進めるために、ストライキなどの実力行使によって労働組合などが必要な行動をとる権利

大切！ 労働基本権には、①団結権、②団体交渉権、③団体行動権（争議権）が含まれる

受益権・参政権

1 受益権

受益権には次のものがあります。

❶ 請願権

憲法16条では、「何人も、損害の救済、公務員の罷免、法律、命令又は規則の制定、廃止又は改正その他の事項に関し、平穏に請願する権利を有し、何人も、かかる請願をしたためにいかなる差別待遇も受けない」と規定して、請願権を保障しています。

❷ 国家賠償請求権

憲法17条では、「何人も、公務員の不法行為により、損害を受けたときは、法律の定めるところにより、国又は公共団体に、その賠償を求めることができる」と規定して、国家賠償請求権を保障しています。

この権利に関する具体的なルールを規定したのが国家賠償法です。

❸ 裁判を受ける権利

憲法32条では、「何人も、裁判所において裁判を受ける権利を奪はれない」と規定して、裁判を受ける権利を保障しています。

❹ 刑事補償請求権

憲法40条では、「何人も、抑留又は拘禁された後、無罪の裁判を受けたときは、法律の定めるところにより、国にその補償を求めることができる」と規定して、刑事補償請求権を保障しています。

無罪判決を受けた場合、抑留期間に応じて金銭的な補償が受けられます。

2 参政権

1 選挙権

　「選挙権」とは、国民が代表者を選定する行為をいいます。**国民主権原理**の具体的な表れです。

　選挙権は、「公務員を選定し、及びこれを罷免（ひめん）することは、国民固有の権利である」と規定する憲法15条1項を根拠として保障されています。

2 被選挙権（立候補の自由）

　被選挙権（立候補の自由）については、明文で保障した条文はありません。

　しかし、**選挙権と同じく、憲法15条1項を根拠に保障**されていると考えられています。

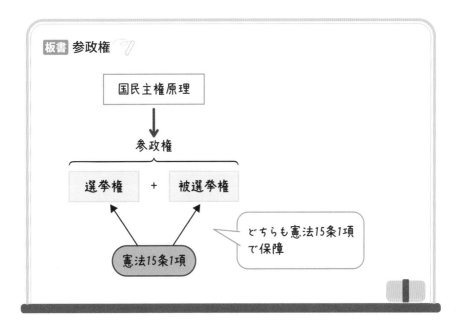

板書 参政権

国民主権原理
↓
参政権

選挙権　+　被選挙権

憲法15条1項

どちらも憲法15条1項で保障

問1　Section1 **1**

人権の前国家的性格や憲法の国際協調主義の観点から、外国人は憲法の保障する人権の享有主体となり得るが、憲法の規定上「何人も」と表現される条項のみ外国人に保障される。(特別区Ⅰ類2017)

問2　Section1 **1**

法人は自然人ではないが、その活動は自然人を通じて行われ、その効果が究極的に自然人に帰属し、現代社会において一個の社会的実体として重要な活動を行っていることから、法人にも自然人と同じ程度に全ての人権の保障が及ぶ。

(特別区Ⅰ類2017)

問3　Section3 **2**

思想及び良心の自由は、絶対的に保障されるものではなく、憲法そのものを否認したり、憲法の根本理念である民主主義を否定するような思想については、それが内心にとどまる場合であっても、制約することが許される。(特別区Ⅰ類2019)

問4　Section3 **4**

事実の報道の自由は、国民の知る権利に奉仕するものであるものの、憲法第21条によって保障されるわけではなく、報道のための取材の自由も、憲法21条とは関係しない。(裁判所2019)

問5　Section4 **2**

財産権の保障とは、個々の国民が現に有している個別的、具体的な財産権の保障を意味するものではなく、個人が財産権を享有することができる法制度すなわち私有財産制を保障したものとされている。(特別区Ⅰ類2013)

問6　Section5 **2**

憲法の定める法定手続の保障は、手続が法律で定められることだけでなく、その法律で定められた手続が適正でなければならないこと、実体もまた法律で定められな

ければならないことを意味するが、法律で定められた実体規定も適正でなければならないことまで要求するものではない。(特別区Ⅰ類2019)

解答

問1 ×　外国人に保障される人権か否かは権利の性質によって決まる（性質説：判例）。「何人も」と表現されているか否かに関わらない。

問2 ×　法人にも権利の性質上可能な限り人権の保障が及ぶが、自然人と同じ程度に全ての人権が及ぶわけではない。

問3 ×　思想及び良心の自由は内心にとどまる限り絶対保障と考えられているので、たとえ憲法そのものを否認したり、憲法の根本理念である民主主義を否定するような思想であっても、内心にとどまる限り、制約することは許されない。

問4 ×　報道の自由は、憲法21条によって保障されている。また、取材の自由も憲法21条と関係するものと考えられている。

問5 ×　財産権の保障とは、私有財産制を制度的に保障するとともに、個人の現に有する具体的財産権の保障も含む。

問6 ×　憲法の定める法定手続の保障内容は、①手続の法定、②手続の適正、③実体の法定、のほか④実体の適正も含まれ、実体規定も適正でなければならないことまで要求される。

CHAPTER 3

統　治

憲法では、国会・内閣・裁判所という「統治機構」についての概要的な規定が置かれています。権力分立制の下で、国会・内閣・裁判所がどのような役割を果たしているかを憲法の条文から学習していきます。

Section
1
国会

1 国会の地位

　日本国憲法は、その前文で「日本国民は、正当に選挙された国会における代表者を通じて行動し」と規定し、間接民主制を採用することを宣言しています。

　間接民主制の下において、国会は主権者たる国民を代表する機関（国民代表機関）としての地位を有することになります。憲法43条も「両議院は、全国民を代表する選挙された議員でこれを組織する」と規定しています。

　さらに、憲法41条では、「国会は、国権の最高機関であって、国の唯一の立法機関である」と規定されており、「国権の最高機関」としての地位、「唯一の立法機関」としての地位を有しています。

　国会が「唯一の立法機関」であることから、他の機関が「立法」を行うことは許されないことになります。

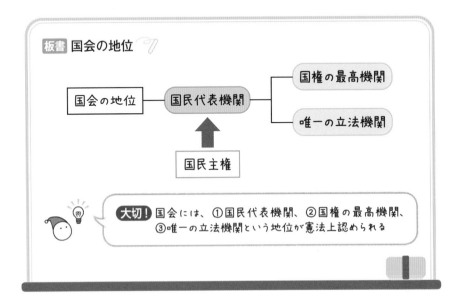

板書 国会の地位

国会の地位 → 国民代表機関 ┌ 国権の最高機関
　　　　　　　　　　　　　　└ 唯一の立法機関

↑

国民主権

大切！ 国会には、①国民代表機関、②国権の最高機関、③唯一の立法機関という地位が憲法上認められる

2 国会の組織と活動

1 両院制（二院制）

国会は**衆議院と参議院の二院**で構成されています。

衆議院と参議院は別々の組織であり、活動も別々に行いますが、二院の意見を合致させて国会としての統一意思を形成することが求められています。

しかし、必ずしも意見が合致するとは限りません。意見が割れた場合にも国政を停滞させないようにするための工夫が、**衆議院の優越**という仕組みです。つまり、両院の意見が割れた場合には、参議院の意見よりも衆議院の意見の方を優先することにしています。

> どうして「衆議院」の方を優越させたのでしょうか?
> 衆議院の任期が4年と参議院（任期6年）より短く、解散もあるため（参議院には解散はない）、短い周期で選挙が行われることになります。そのため、より民意を反映していると考えられているからです。

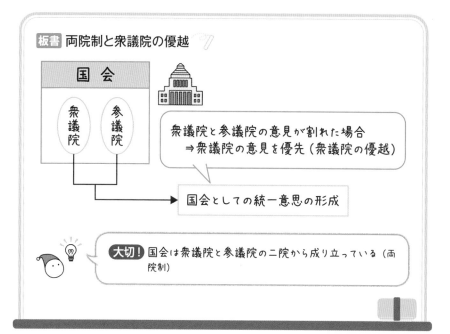

板書 両院制と衆議院の優越

国 会

衆議院　参議院

衆議院と参議院の意見が割れた場合
⇒衆議院の意見を優先（衆議院の優越）

国会としての統一意思の形成

大切! 国会は衆議院と参議院の二院から成り立っている（両院制）

【衆議院の憲法上の優越事項】

衆議院が優越		両院が対等
衆議院のみに付与	議決の要件で優越	
・予算の先議権 (60条1項) ・（内閣総辞職の効果を もつ）内閣不信任の決 議権 (69条)	・法律案の議決 （59条） ・予算の議決 (60条2項) ・条約の承認の議決 （61条） ・内閣総理大臣の指名の 議決 （67条2項）	・皇室財産授受の議決 （8条） ・予備費の支出の承諾 （87条2項） ・決算の審査 （90条1項） ・憲法改正の発議 （96条1項）

2 会期

　国会は、常時活動をしているわけではなく、一定の期間に限って活動をしています。これを**会期制**（かいき）と呼んでいます。

　この会期の種類には、①**常会**、②**臨時会**、③**特別会**の3つがあります。

名称	召集の要件
常会 (通常国会)	毎年1回1月
臨時会 (臨時国会)	・内閣が必要と認めた場合 ・いずれかの議院の総議員の4分の1以上の要求があった場合 などに内閣が召集を決定する
特別会 (特別国会)	衆議院解散後の総選挙の日から30日以内

国会の「会期」には含まれませんが、衆議院の解散中に緊急の必要がある場合に開かれる参議院の緊急集会もあります。

3 国会・議院の権能（けんのう）

　国会で行われる行為について、①衆議院と参議院が共同で行使（統一意思を形成して行使）するものと②衆議院と参議院が各々単独で行使するものに分け、①を**国会の権能**、②を**議院の権能**といいます。

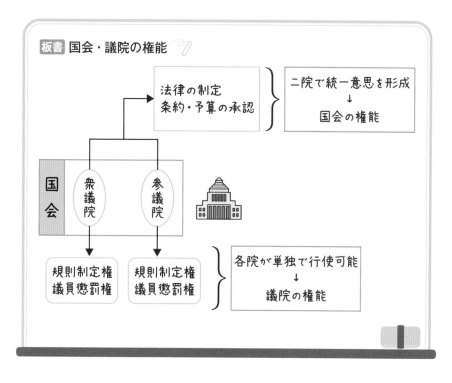

1 国会の権能

　国会の権能としては、①法律の制定権、②条約の承認権、③内閣総理大臣の指名権、④憲法改正の発議権（はつぎ）、⑤弾劾裁判所（だんがい）の設置権、⑥財政監督権（予算の議決・決算の承認）があります。

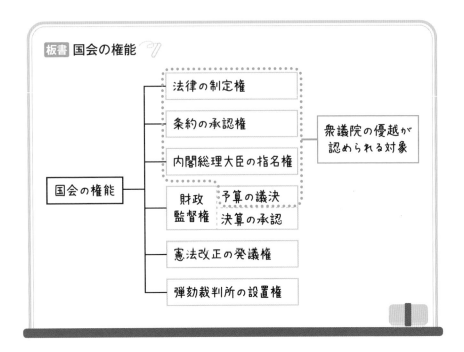

板書 国会の権能

国会の権能
- 法律の制定権
- 条約の承認権
- 内閣総理大臣の指名権
- 財政監督権　予算の議決／決算の承認
- 憲法改正の発議権
- 弾劾裁判所の設置権

衆議院の優越が認められる対象

2 議院の権能

　衆議院と参議院が各々単独で行使できる権能である議院の権能としては、①議院の規則制定権、②所属する議員に対する懲罰権などがあります。

❶ 議院の規則制定権

　各議院がその議事手続と内部規律を自主的に決定できる権能です。

❷ 所属する議員に対する懲罰権

　院内秩序を乱す議員を制裁できる権能です。一番重いものとして除名も可能です。

除名には、議員の議席を失わせるという重大な効果があります。そのため、出席議員の3分の2以上の議決を必要としています。

Section 2 内閣

1 内閣

1 内閣とは?

内閣は、**行政権の主体**であり、**行政機関を統轄する機関**です。

「行政権」とは、すべての国家作用の中から、立法と司法を除いた残りの国家作用をいうと考えられています。

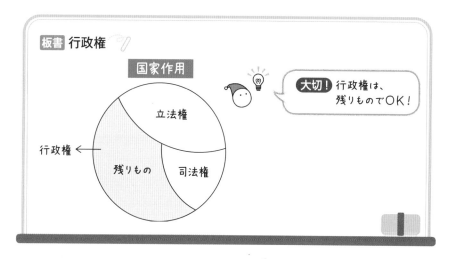

板書 行政権

国家作用

立法権

行政権 ←

残りもの　　司法権

大切! 行政権は、
残りものでOK!

2 内閣の組織

内閣は、**首長たる内閣総理大臣**とその他の**国務大臣**から構成されています。つまり、内閣は、内閣総理大臣1名と原則14名以内（最大限17名）の国務大臣から成る合議体です。

ただし、期限付きで増員されることがあります。

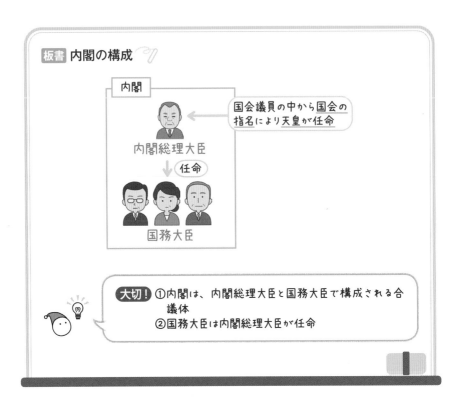

板書 内閣の構成

内閣

内閣総理大臣 ← 国会議員の中から国会の
指名により天皇が任命

↓ 任命

国務大臣

大切！ ①内閣は、内閣総理大臣と国務大臣で構成される合
議体
②国務大臣は内閣総理大臣が任命

　内閣総理大臣は、**国会議員の中から国会の指名**によって選任されます。

　内閣総理大臣は、（戦前の憲法である）大日本帝国憲法の下では、「同輩中の首席」であり、他の国務大臣と同格の存在にすぎませんでしたが、日本国憲法においては、内閣の首長としての地位を与えられ、権限が強化されています。

　国務大臣は、内閣総理大臣によって任命されます。内閣総理大臣は、国務大臣を任意に罷免することもできます。

国務大臣については、その過半数を国会議員から選べばよく、必ずしも国会議員である必要がありません。

2 議院内閣制

　日本では、イギリスと同様、議院内閣制を採用しています。これに対して、アメリカ合衆国では大統領制が採用されています。

　「議院内閣制」とは、**内閣の存立が議会の信任に基づく制度**です。

　その本質としては、①議会と政府が分立していること、②**政府が議会に対して連帯責任**を負っていること、が挙げられます。

> 政府とは、一般に、行政を執行する機関である行政府のことを指します（ただし、広い意味では、立法府、行政府、司法府全般を指す場合もあります）。

　議院内閣制の下では、行政権（内閣）と立法権（国会）は、一定の協働関係（協力し合っていく関係）にあります。

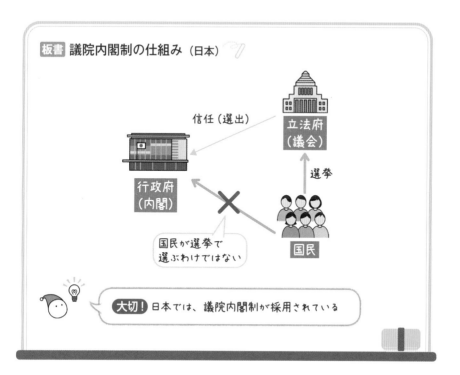

板書 議院内閣制の仕組み（日本）

信任（選出）

立法府
（議会）

行政府
（内閣）

選挙

国民が選挙で
選ぶわけではない

国民

大切! 日本では、議院内閣制が採用されている

裁判所

1 司法権

1 司法権とは？

司法権とは、具体的な法律上の争いについて、法を適用することによって、これを裁定する国家の作用を指します。

民事・刑事事件だけでなく、行政事件の裁判も含めて、具体的な法律上の争いであれば司法権の対象となります。

2 法律上の争訟

裁判所が司法権を行使して審査判断できる事件・争いごとのことを法律上の争訟といいます。

「法律上の争訟」とは、「当事者間の具体的な権利義務ないし法律関係の存否に関する紛争（具体的な争訟）であって、かつ、それが法令を適用することによって終局的に解決できるもの」のことです。

裁判所は、「法律上の争訟」にあたらないものは審査しないのが原則です。したがって、法律上の争訟に該当しなければ、裁判所に審査判断してもらえないことになります。

2 裁判所の組織

1 最高裁判所と下級裁判所

日本国憲法では、最高裁判所と下級裁判所を設置することになっています。

下級裁判所は、最高裁判所の下に位置する裁判所の総称であり、裁判所法により、下級裁判所として高等裁判所、地方裁判所、家庭裁判所、簡易裁判所が置かれています。

62

憲法

CH 3
統治

2 裁判官の任命

最高裁判所の長たる裁判官（最高裁判所長官）は、**内閣の指名に基づき天皇が任命**します。この場合の天皇の任命は形式的行為にすぎませんので、実質的な決定権は内閣にあります。

最高裁判所のその他の裁判官は、**内閣の任命に基づき、天皇が認証**します。

下級裁判所の裁判官は、**最高裁判所の指名した者の名簿に基づき内閣が任命**します。

板書 裁判官の任命

	最高裁判所		下級裁判所
	長たる裁判官	その他の裁判官	裁判官
指名	内閣	—	最高裁判所の指名した者の名簿
任命	天皇	内閣	内閣
認証	—	天皇	（高等裁判所長官は天皇が認証）

 大切！ 裁判官の選任には内閣の関与が強い

---

3 裁判官の身分保障

裁判官は公正中立な判断をすることが求められます。そこで憲法は、裁判官の身分保障についても規定を置いています。

裁判官の身分保障の最も重要なものとしては、裁判官の罷免事由の限定があります。裁判官が罷免されるのは、①**裁判により心身の故障のため職務をとることができないと決定された場合**、②**公の弾劾**（弾劾裁判所による裁判）**による場合**のみです。

ただし、最高裁判所の裁判官には、**国民審査**による罷免もあります。

3 違憲審査

1 違憲審査とは?

　法律、命令、規則または処分が憲法に適合するかしないかを決定する権限を違憲審査権といいます。

　憲法では、最高裁判所を違憲審査権を行使して最終的な結論を下す終審裁判所としています（81条）。ただし、違憲審査権は最高裁判所のみが有するものではなく、下級裁判所も行使することができます。

2 違憲審査権の法的性格

　わが国の違憲審査制は、付随的違憲審査制であるとするのが判例です。

　「付随的違憲審査制」とは、通常の裁判所が具体的な事件を裁判する際に、必要な範囲で法令の違憲審査を行う制度のことです。

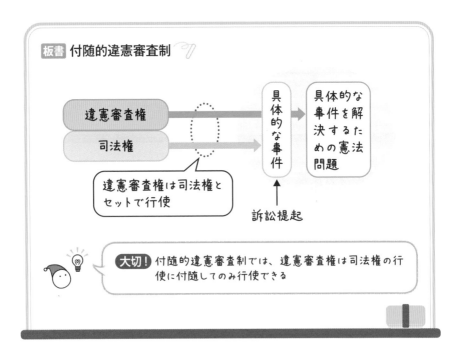

板書 付随的違憲審査制

違憲審査権
司法権
→ 具体的な事件 → 具体的な事件を解決するための憲法問題

違憲審査権は司法権とセットで行使

訴訟提起

大切! 付随的違憲審査制では、違憲審査権は司法権の行使に付随してのみ行使できる

Section 4 財政・憲法改正

1 財政

1 租税法律主義

憲法84条は「あらたに租税を課し、又は現行の租税を変更するには、法律又は法律の定める条件によることを必要とする」と規定しています。これが**租税法律主義**です。

つまり、租税は国民に対して重い負担を求めるものなので、国民の代表たる国会で決めることにしているのです。

2 予算

憲法86条は「内閣は、毎会計年度の予算を作成し、国会に提出して、その審議を受け議決を経なければならない」と規定し、予算に**国会の承認が必要**であるとしています。

「予算」とは、一会計年度における国の財政行為の準則です。歳入と歳出の両方を含みます。

なお、**予算の作成・提出権は内閣**にのみ属しています。

2 憲法改正

日本国憲法は改正が可能ですが、その手続は非常に厳格なものとなっています。

このように**通常の法律制定手続よりも厳格な改正手続が定められている憲法**を**硬性憲法**といいます。

具体的には、①衆参両院の**総議員の3分の2以上の賛成**⇒②国会の発議⇒③**国民投票で過半数の賛成**⇒④天皇の公布という手続が必要です（96条）。

この改正手続に則れば、どのような改正でも可能というわけではなく、基本原理（国民主権や基本的人権の尊重）を変更するような改正は許されないとする改正限界説が通説です。

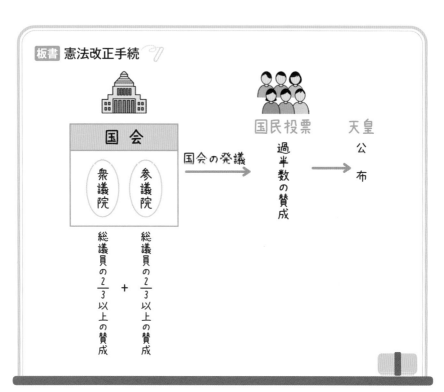

板書 憲法改正手続

国　会

衆議院　参議院

総議員の 2/3 以上の賛成　＋　総議員の 2/3 以上の賛成

→ 国会の発議

国民投票
過半数の賛成

→

天皇
公布

CHAPTER 3　統治　過去問チェック！

問1　Section1 **2**

条約の締結に必要な国会の承認については、先に衆議院で審議しなければならない。（裁判所2014）

問2　Section1 **2**

衆議院議員の任期満了による総選挙が行われたときは、その選挙の日から30日以内に国会の特別会を召集しなければならないが、特別会の会期は両議院一致の議決で定め、会期の延長は2回に限って行うことができる。（特別区Ⅰ類2016）

問3　Section1 **2**

両議院の議事は、憲法に特別の定めのある場合を除いては、出席議員の過半数でこれを決し、可否同数のときは、議長の決するところにより、また、議長は、いずれかの議院の総議員の4分の1以上の要求があれば、国会の臨時会の召集を決定しなければならない。（特別区Ⅰ類2016）

問4　Section2 **1**

内閣は、法律の定めるところにより、内閣総理大臣及びその他の国務大臣で組織され、内閣総理大臣は、全ての国務大臣を国会議員の中から任命しなければならない。（特別区Ⅰ類2014）

問5　Section2 **1**

内閣総理大臣は、やむを得ない事由があるときに限り、国務大臣を罷免することができる。（裁判所2011）

問6　Section3 **2**

最高裁判所の長たる裁判官以外の裁判官は、内閣が任命し、天皇がこれを認証するが、下級裁判所の裁判官は、最高裁判所の指名した者の名簿によって、天皇が任命する。（特別区Ⅰ類2017）

問7 Section3 **2**

裁判官は、国会の両議院の議員で組織する弾劾裁判所による裁判により、回復の困難な心身の故障のために職務を執ることができないと決定された場合には、罷免される。（特別区Ⅰ類2014）

問8 Section3 **3**

裁判官が、具体的訴訟事件に法令を適用して裁判するに当たり、その法令が憲法に適合するか否かを判断することは、憲法によって裁判官に課せられた職務と職権であって、憲法は最高裁判所が違憲審査権を有する終審裁判所であることを明らかにしており、違憲審査権は、最高裁判所のみに与えられているとして、下級裁判所の違憲審査権を否定した。（特別区Ⅰ類2015）

解答

問1 ×　衆議院の先議権があるのは「予算」だけであり、条約の締結の承認については、衆議院に先議権はない。

問2 ×　衆議院議員の任期満了による総選挙後に招集されるのは臨時会であり、特別会は衆議院の解散による総選挙の後に招集される国会をいう。特別会の会期は両議院一致の議決で定め、2回に限り延長ができる。

問3 ×　前半は正しいが後半が誤っている。いずれかの議院の総議員の4分の1以上の要求があった場合、「内閣」が国会の臨時会の招集を決定する（53条）。

問4 ×　前半は正しいが後半が誤っている。内閣総理大臣が任命する国務大臣の「過半数」は、国会議員の中から選ばれなければならない（68条1項但書）。

問5 ×　内閣総理大臣は、やむを得ない事由がなくても、任意に国務大臣を罷免することができる。

問6 ×　下級裁判所の裁判官は、最高裁判所の指名した者の名簿によって、「内閣」が任命する（80条1項）。

問7 ×　裁判官の罷免事由には、①裁判により心身の故障のために職務を執ることができないとされた場合（分限裁判）と②公の弾劾（弾劾裁判）の場合がある（78条前段）。①②は別々のものであり、本肢は両者を混同させているので誤り。

問8 ×　最高裁判所だけでなく、下級裁判所にも違憲審査権は認められている。

第2編
民　　法

民法・学習ガイダンス

1 出題内容と傾向

　民法は、身近な法律問題を扱うことからイメージしやすく、内容も面白く感じられることでしょう。けれど、出題数が多く、**出題範囲も広範囲にわたります。しかも近年、大きな改正もありましたので**（2020年より順次施行）、法律系科目の中で**最もやっかいな科目**といえます。

　改正前は条文と判例が同じ位の割合で出題されてきましたが、改正によって判例が条文化され、条文の内容が詳細になったため、しばらくは条文からの出題ウエイトが高くなると予想されます。一方、以前から学説知識を問う問題はごく少数であり、今後とも増えることはないと考えられます。

2 学習のしかた

　条文が基本であり、判例は応用的な内容になりますので、まずは**条文が規定する"ルール"をきちんと理解していくことが大切**です。また、民法の場合は、憲法や行政法と異なり、条文や判例の知識をそのままの文章で暗記する必要性はほとんどありません。**事例形式**（具体的な事例の形で問われる出題形式）**の出題が多い**ため、単なる暗記よりも条文や判例の内容を理解した上でそれを具体的ケースに使えるようにしていくことが求められます。

　民法では、「テキストを読み込んで条文や判例によって示されたルールの内容を理解⇒問題演習を通じて具体的ケースで使えるようにしていく」ことが必要です。

　テキストの読み込み等のインプットと問題演習などのアウトプットは50％＝50％（フィフティ＝フィフティ）の割合で進めていきましょう。両者を平行して進めることで問題に対する対応力が付き、得点化できるようになってきます。

　民法は、ある程度知識が整理され、理解が固まってきて初めて得点になる

科目であり、暗記や理解がある一定ラインを超えると安定的に得点が取れるようになってきます。ですので、早い段階で得点が取れないと諦めてしまわずに粘り強く取り組みましょう。

3　基礎知識

1　民法の特徴

　民法は、私人間で適用されるルールであり、私法に属する法律です。また、民法は私人の法律関係を幅広く規律する一般法です。

　したがって、民法は「私法」の「一般法」となります。

2　全体構造

　民法は、財産に関して規律する財産法と家族関係に関して規律する家族法の分野から構成されています。財産法の分野は、「総則」「物権」「債権」に分けられ、家族法の分野は、「親族」「相続」に分けられます。

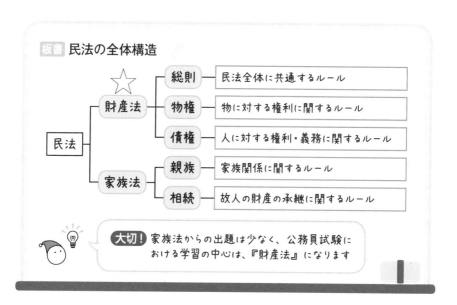

板書　民法の全体構造

民法

財産法 ☆
- 総則 ─ 民法全体に共通するルール
- 物権 ─ 物に対する権利に関するルール
- 債権 ─ 人に対する権利・義務に関するルール

家族法
- 親族 ─ 家族関係に関するルール
- 相続 ─ 故人の財産の承継に関するルール

大切！　家族法からの出題は少なく、公務員試験における学習の中心は、『財産法』になります

3 物権と債権

　また、民法は私人間における権利や義務について定めた法律です。民法では、"何を対象とするか"で権利を**「物権」**と**「債権」**に分類しています。

　物に対する支配権を「物権」、人が人に対して有する請求権を「債権」といいます。「債権」は"人が人に対して請求する権利"なので、請求される人には"〜しなければならない"という義務が生じます。これを「債務」といいます。「債権」と「債務」は完全に対応した関係にあります。

> 「物権」は法で定められたものしか認められない（物権法定主義）ので、自分達で勝手に創設することはできません。一方、「債権」「債務」は、契約自由の原則に基づき、その内容を当事者が原則として自由に創設することができます。

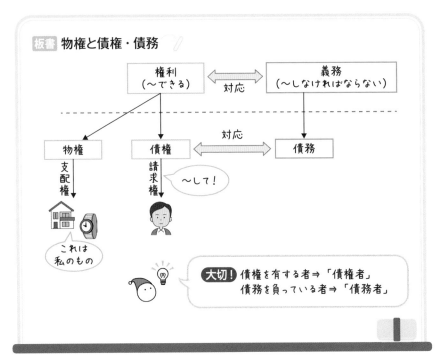

板書 **物権と債権・債務**

```
          権利                         義務
        （〜できる）  ⟷ 対応  （〜しなければならない）
            │                           │
    ‥‥‥‥‥│‥‥‥‥‥‥‥‥‥‥‥‥‥‥‥│‥‥‥‥
            ↓           ↓               ↓
          物権         債権   対応     債務
                              ⟷
          支配権       請求権
            │           │  〜して！
            ↓           ↓
          🏠⌚          👤
       これは         
       私のもの
```

大切! 債権を有する者 ⇒ 「債権者」
　　　　債務を負っている者 ⇒ 「債務者」

4 契約とは

「契約」とは、法的な拘束力を生じる約束のことをいいます。

契約は、**申込みと承諾の合致**によって成立します。

売買契約を例にすると、Aが「10万円でこのパソコンを買いませんか？」という申込みを行い、それに対してBが「はい！買います！」と承諾をすることで売買契約は成立します。

> この「申込み」と「承諾」のことを『意思表示』といいます。一般に、契約の成立要件は "意思表示の合致である" と表現されます。

契約書の作成や契約書に対する署名は、契約の成立要件ではありませんが、契約成立の証拠としての意味を有しています。

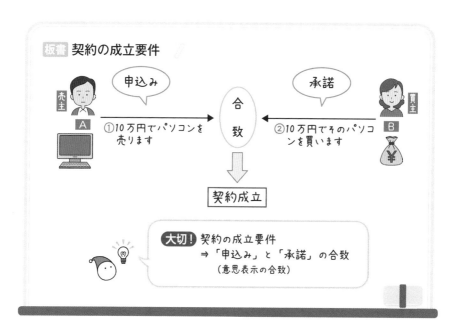

板書 **契約の成立要件**

申込み　　　　　　　承諾

合致

売主 A　①10万円でパソコンを売ります　→　←　②10万円でそのパソコンを買います　買主 B

↓

契約成立

大切! 契約の成立要件
⇒「申込み」と「承諾」の合致
（意思表示の合致）

意思表示の合致により、Aを売主・Bを買主とする契約が成立すると、売主Aは買主Bに対して「代金10万円を払って下さい！」と請求できる権利

民法

序　民法・学習ガイダンス

75

をもつことになります。一方、買主Bは売主Aに対して「パソコンを引き渡してください！」と請求する権利をもつことになります。

前者を「代金債権」、後者を「引渡債権」といいます。
「代金債権」では、債権者は売主A、債務者は買主B
「引渡債権」では、債権者は買主B、債務者は売主A
となります。

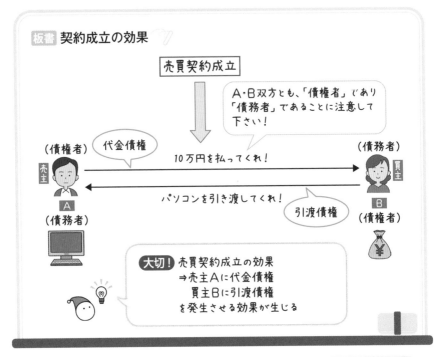

板書 契約成立の効果

売買契約成立

A・B双方とも、「債権者」であり
「債務者」であることに注意して
下さい！

（債権者） 代金債権

売主

10万円を払ってくれ！

（債務者）

買主

パソコンを引き渡してくれ！

引渡債権

A

（債務者）

B

（債権者）

大切！ 売買契約成立の効果
⇒売主Aに代金債権
　買主Bに引渡債権
を発生させる効果が生じる

契約は、当事者の自由意思でその内容を原則として自由に定めることができます。これを「契約自由の原則」といいます。

5 善意と悪意・有過失と無過失

善意とは、ある事情を知らないこと、悪意とはある事情を知っていること、を指します。そこには良い悪いなどの倫理的な意味合いはなく、認識の有無を表す言葉に過ぎません。

さらに、善意であること（知らなかったこと）について、不注意な点や落ち度があることを"過失がある（＝有過失）"、不注意な点や落ち度がないことを"過失がない（＝無過失）"といいます。

そして、善意であって無過失の場合を「**善意かつ無過失**」、それ以外の場合を「**悪意または有過失**」と表現します。

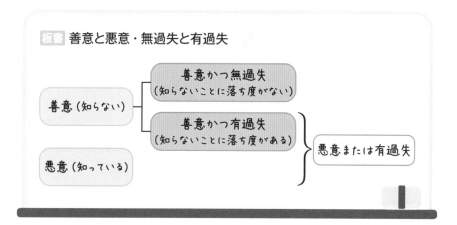

板書 善意と悪意・無過失と有過失

善意（知らない）
善意かつ無過失（知らないことに落ち度がない）
善意かつ有過失（知らないことに落ち度がある）
悪意（知っている）
悪意または有過失

6 無効と取消し

「無効」とは、たとえ外から見ると契約が成立しているようにみえても、その効果が**当初から全く生じないもの**と取り扱うことをいいます。

一方、「取消し」とは、いったん有効に成立した契約の効力を、後から**行為時にさかのぼって消滅**していたものと取り扱うことをいいます。

序　民法・学習ガイダンス

板書 無効と取消し

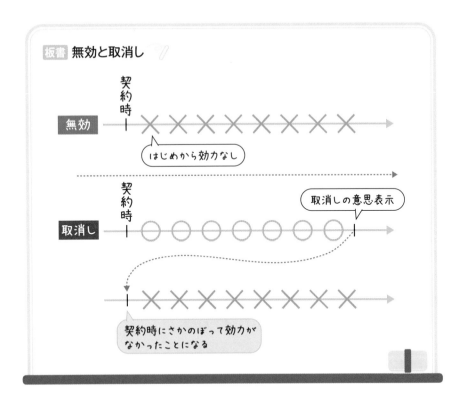

無効 契約時

はじめから効力なし

取消し 契約時

取消しの意思表示

契約時にさかのぼって効力がなかったことになる

78

CHAPTER **1**

総　則

「総則」では民法全体に関わる共通ルールを学習します。主に「制限行為能力者」「意思表示」「代理」「時効」の４分野から成り立っています。「意思表示」は民法全体の理解に関わる重要性をもっています。一方、出題頻度が高いのは「代理」です。

権利の主体

1 3つの能力概念

1 権利能力

権利能力とは、権利・義務の主体となる資格をいいます。

権利能力を有しているのは自然人と法人です。自然人の場合、出生から死亡まで当然に権利能力を有するものとされています。

2 意思能力

意思能力とは、行為の結果を弁識（認識）するに足りるだけの精神能力のことをいいます。6、7歳前後の子供と同等の認識能力を指します。意思能力が欠ける者のことを意思無能力者といい、幼児や泥酔者などがその例です。

3 行為能力

行為能力とは、法律上、単独で有効な法律行為を行うことができる資格をいいます。行為能力が制限されている者を制限行為能力者といいます。

板書 3つの能力概念の比較

	権利能力	意思能力	行為能力
定義	私法上の権利・義務の主体となる資格	行為の結果を弁識するに足りるだけの精神能力	単独で有効な法律行為を行うことができる能力
有している者	自然人・法人	だいたい7歳前後の子供と同等の認識能力のある者	未成年者、成年被後見人、被保佐人、被補助人以外の者
欠ける場合	権利義務の帰属主体になれない	無効（最初から効力が生じない）	取り消すことができる（後で取りやめることが可能）

大切! 意思無能力者（意思能力が欠ける者）がした行為⇒無効
制限行為能力者（行為能力が制限されている者）がした
行為⇒取消し可能

2 制限行為能力者制度

　未成年者や精神的な病気の人がその判断能力の弱さゆえに財産的な不利益を受けないように保護するための制度であり、4類型が民法で明記されています。

　契約を締結した後で**取消し**をすることが可能です。

板書 制限行為能力者制度（成年被後見人）

行為能力がなくなってきた

心配…
1人で契約できるままに
しておくと危ない

Ａ 父　　　　Ｂ 息子

⬇ そこで

Ａに後見開始の審判を受けさせ、単独でできる法律行為を制限する

⬇ その結果

父Ａは単独で契約できなくなる
父Ａが単独でした契約は取り消して、なかったことにできる

1 類型

　制限行為能力者には、①**未成年者**、②**成年被後見人**、③**被保佐人**、④**被補助人**の４類型があります。②〜④は精神上の障害をもつ人を類型化したものです。成年被後見人が最も症状が重篤な類型です。被保佐人、被補助人と順に軽い症状の人を想定した類型になっていきます。

板書 制限行為能力者の4類型

類型	①未成年者	②成年被後見人	③被保佐人	④被補助人
対象	18歳未満の者	精神上の障害により事理を弁識する能力を欠く常況にある者	精神上の障害により事理を弁識する能力が著しく不十分な者	精神上の障害により事理を弁識する能力が不十分な者
手続	特になし	家庭裁判所の審判	家庭裁判所の審判	家庭裁判所の審判
保護者	親権者（未成年後見人）	成年後見人	保佐人	補助人

左から右に行くにつれて精神上の障害が軽い人となります

大切！ ②〜④では家庭裁判所の審判が必要！

2 未成年者

　「未成年者」とは**18歳未満の者**をいいます。

　未成年者を保護する者は、通常は**親権者**ですが、親権者がいないときは**未成年後見人**となります。条文上、親権者や未成年後見人はまとめて**法定代理人**と表現されています。

法定代理人とは、法律の定めによって代理権が与えられている者のことです。

原則として、未成年者が法律行為を行うためには、**法定代理人**（親権者ま
たは未成年後見人）の同意を必要とします。法定代理人の同意を得ないで法律
行為を行った場合、その法律行為を取り消すことが可能です（5条）。

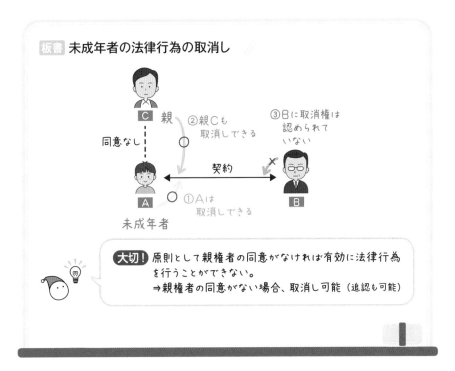

板書 **未成年者の法律行為の取消し**

C 親

②親Cも
取消しできる

③Bに取消権は
認められて
いない

同意なし

契約

A

①Aは
取消しできる

B

未成年者

大切！ 原則として親権者の同意がなければ有効に法律行為
を行うことができない。
⇒親権者の同意がない場合、取消し可能（追認も可能）

未成年者側に取り消す義務があるわけではありません。有利な契約
だと思ったら取消しをしなければ契約は有効なまま存続しますし、有
効な契約として確定したいと思った場合には、追認を行えば有効な
契約として確定します。追認とは、事後の承認のことです。

3 成年被後見人

「成年被後見人」とは、精神上の障害により事理を弁識する能力を**欠く常況**（常にそのような状況）にある者であって、**家庭裁判所の後見開始の審判**を受けた者をいいます（7条）。成年被後見人の保護者は、**成年後見人**といいます（8条）。

成年被後見人の行った法律行為は、**取り消す**ことができます（9条本文）。

ただし、**日用品の購入その他日常生活に関する行為**については、成年被後見人であっても行為能力が認められていますので、取り消すことができません（9条ただし書）。

> 正常な判断能力が欠けている成年被後見人に単独で行動させるのは危険です。しかし、日常生活に関する行為についてまで制限してしまうと、生活すること自体が困難になってしまいます。また、日常生活に関する行為で生じる損害は大きくないでしょう。そこで、単独で行為可能としています。

なお、「日用品の購入その他日常生活に関する行為」以外の行為については、成年被後見人は、成年後見人の同意を受けても有効に行うことはできません。したがって、**同意を受けて行った行為であっても取消しが可能**です。

4 被保佐人・被補助人

「被保佐人」とは、精神上の障害により事理を弁識する能力が**著しく不十分**な者であって、**家庭裁判所の保佐開始の審判**を受けた者をいいます（11条）。被保佐人の保護者は、**保佐人**といいます（12条）。

被保佐人については、重要な財産上の行為（13条1項列挙の行為）について、行為能力の制限を受けます。

「被補助人」とは、精神上の障害により事理を弁識する能力が**不十分**な者であって、**家庭裁判所の補助開始の審判**を受けた者をいいます（15条1項）。被補助人の保護者は、**補助人**といいます（16条）。

被補助人については、13条1項列挙の行為の中で、家庭裁判所により補助人の同意を得なければならない旨の審判を受けた一部の行為について、行為能力の制限を受けています。

Section 2 意思表示

1 意思表示に問題がある5類型

民法は、意思表示に問題があるケースとして、心裡留保、虚偽表示、錯誤、詐欺、強迫の5つについて定めを置いています。

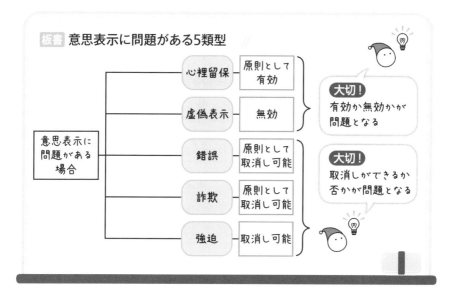

板書 意思表示に問題がある5類型

意思表示に問題がある場合

- 心裡留保 → 原則として有効
- 虚偽表示 → 無効

大切！有効か無効かが問題となる

- 錯誤 → 原則として取消し可能
- 詐欺 → 原則として取消し可能
- 強迫 → 取消し可能

大切！取消しができるか否かが問題となる

2 心裡留保

表意者が真意（本心）ではないことを知りながらする意思表示のことを心裡留保といいます。つまり、ウソや冗談で「申込み」や「承諾」をすることです。

Aが冗談でBに対して「10万円でこのパソコンを売ってあげるよ」と言い、それに対してBが「了解！買います！」と答えたとします。

この場合、Aの意思表示は原則として有効です（93条1項本文）。

相手方Bが表意者Aの申込みを信じ、契約成立を信じている場合、その信頼を保護する必要、つまり取引の安全を図る必要があるからですね。

しかし、相手方Bが、「Aが冗談で言っているということを知っている場合（悪意）や注意すれば気づくことができた場合（有過失）」には、相手方Bを保護する必要はなくなるので、その意思表示（契約）は**無効**となります（93条1項ただし書）。

板書 **心裡留保**

心裡留保
⇩
このPC10万円で
売ってやるぞ！

Bは金に困っているから
どうせ買えないだろう

A
売主

申込み

承諾

B
買主

おお〜そんな高性能PCが
10万円とはぜひ買いたい！

Bが
原則／善意・無過失 ⇒ 有効 ── 有効⇒Bを保護（B所有）
例外／悪意・有過失 ⇒ 無効 ── 無効⇒Aを保護（A所有）

大切! 売買契約は、
原則ー（相手方が善意かつ無過失の場合）⇒有効
例外ー相手方が悪意または有過失の場合⇒無効

原則の「有効となるケース」は、例外となるケースの要件（相手方が悪意または有過失）の逆で、相手方が善意かつ無過失の場合ということになります。

3 虚偽表示

1 虚偽表示とは？

　表意者が相手方と通じ合って（共謀して）行った虚偽の意思表示のことを
（通謀）虚偽表示といいます。

　たとえば、Aが債権者の差押えを免れるために、Bと相談して、自分が所有している土地をBに売却したことにするような場合です。

差押えは、お金を払ってもらえない人（債権者）が払ってくれない人（債務者）の土地や預金の処分を禁止して、そこから強制的に回収を図るためにとる手続です。

　虚偽表示の場合、AB双方とも本当に売買契約を締結しようとは思っていないわけで、この契約に法的拘束力を生じさせる根拠がありません。したがって、AB間の意思表示は無効であり（94条1項）、契約は成立していないことになります。

2 第三者との関係

　しかし、これを当事者A、B以外の第三者Cが登場してきたケースにまで適用してしまうと、通常の売買で土地を手に入れたCが権利を取得できないことになり、取引の安全を害することになってしまいます。

　そこで、虚偽表示による無効は、善意の第三者に対抗することができない（94条2項）とされています。

「対抗」＝「主張」と考えておきましょう。

　たとえば、虚偽表示によってAからBに売却されたことになっている土地

を、BがCに売却してしまった場合で考えてみましょう。

　第三者Cが善意の場合には、Aは、Cに対して、AB間の売買契約が無効であることを主張することができません。その結果として、土地の所有権はA→B→Cと譲渡されたことになり、Cが所有者ということになります。したがって、AはCに土地の返還を求めることはできなくなります。

94条2項の第三者として保護されるためには、善意でさえあればよく、過失の有無は問わない、登記（不動産についての権利を記録するもの）を備えている必要もありません。

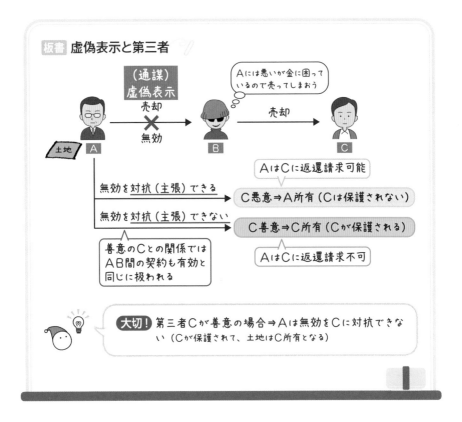

4 錯誤

意思表示をした者（表意者）が、**内心の意思と表示が食い違っていること
に気付かずに意思表示をすること**を錯誤といいます。

言い間違いや勘違いなどによりなされた意思表示のことであり、たとえば、
「1万円で買おう」と思っていたのに、「1万ドルで買います」と言ってしま
ったような場合です。

錯誤に基づく意思表示は、その錯誤が法律行為（契約）の目的および取引
上の社会通念に照らして**重要なもの**であるときは、**取り消すことができます**
（95条1項）。

> 契約では様々なことを取り決めますので、その内容の細かい部分に
> ついて多少の勘違いがあったからといって取消しの主張を許す必要
> はないので、重要部分（対象物や金額など）に限定しています。

ただし、「取引の安全の保護」の要請から、錯誤が表意者の重大な過失（重
過失）によるものであった場合には、原則として取消しをすることができな
くなります（95条3項）。

板書 錯誤に基づく意思表示の効果

腕時計を「売る」と表示　　　　　「買う」と表示

 腕時計の売買契約 →

Ⓐ　　　　　　　　　　　　　　Ⓑ

> 置時計を売るつもりで、
> うっかり間違えた

■原則■

錯誤による意思表示は取消しが可能（95条1項）

■例外■

表意者Ⓐに重大な過失があった場合は、表意者は
（原則として）取消しできない（95条3項）

> **大切！** 錯誤に基づく意思表示は、取消しが可能

5 詐欺

詐欺とは、人をだまして財物を交付させる行為をいいます。

詐欺によって意思表示をしてしまった場合、**取り消すことができます** (96条1項)。

たとえば、AがBにだまされて安い価格で所有する土地を売る意思表示をしてしまった場合、取り消すことが可能です。

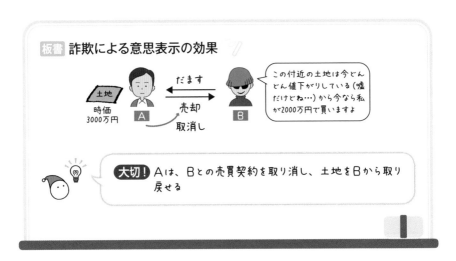

板書 詐欺による意思表示の効果

> **大切！** Aは、Bとの売買契約を取り消し、土地をBから取り戻せる

6 強迫

　強迫とは、他人に恐怖心を生じさせ、その意に反した意思表示を行わせる行為をいいます。

　詐欺と同じく、強迫によって意思表示をした場合も、**取り消すことができます**（96条1項）。

Section 3 代理

1 代理とは？

1 代理の制度趣旨

代理は、他人（代理人）が行った法律行為の効果が本人に帰属する制度です。代理制度を使えば、自分が所有している土地を売却してもらいたいＡさんは、不動産取引に精通している知人のＢさんを代理人として立てて、自分に代わって買い手を探して契約を締結してもらうことができます（私的自治の拡張）。また、成年被後見人のように判断能力が欠けてしまった人の代わりに他人が法律行為を行うことも可能です（私的自治の補充）。

2 代理の成立要件

有効な代理行為として、代理人が行った行為の効果が本人に帰属するためには、代理の成立要件を満たしている必要があります。

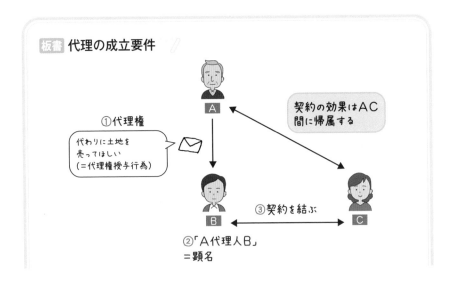

板書 代理の成立要件

①代理権
代わりに土地を売ってほしい
（＝代理権授与行為）

②「Ａ代理人Ｂ」
＝顕名

③契約を結ぶ

契約の効果はＡＣ間に帰属する

> **大切！** 代理の成立要件
> ①代理権の存在　②顕名　③有効な代理行為

民法

CH 1
総則

❶ 代理権の存在

代理権には、**法定代理**と**任意代理**があります。

「法定代理」とは、法律や裁判所によって代理権を与えられる場合であり、未成年者における親権者の代理権（818条）などです。

一方、「任意代理」とは、本人の代理権授与行為（授権行為）によって代理権を与えられる場合です。

❷ 顕名

顕名とは、代理人が本人のためにすることを相手方に示すことです。

具体的には「私はＡさんの代理人のＢです」と示して契約を締結することを指します。これがあることで相手方は契約の当事者が誰かを認識することができますので、これも代理の成立要件の１つです。

❸ 有効な代理行為

代理人と相手方の間で行われた行為に、無効原因や取消原因となる事情がないなど、有効な代理行為であることも代理の成立要件です。

2 無権代理

1 無権代理とは？

代理権がない者が代理人として行った行為を無権代理といいます。

無権代理は、代理の成立要件を満たしませんので、その効果は**本人には帰属しない**のが原則です。

たとえば、BはAから土地の売却についての代理権を特に与えられていないにもかかわらず、Aの代理人としてA所有の土地を売却する契約をCとの間で締結したとします。この場合、Bが行った**売買契約の効果はAには帰属せず**、Aは土地をCに引き渡す義務は負いません。

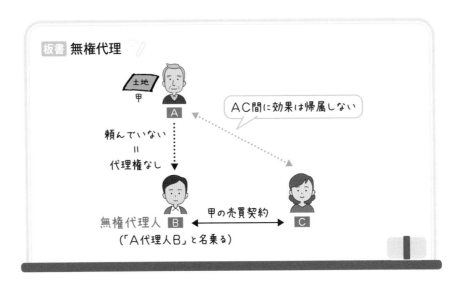

板書 無権代理

土地
甲

A

AC間に効果は帰属しない

頼んでいない
＝
代理権なし

無権代理人 B

（「A代理人B」と名乗る）

甲の売買契約

C

2 無権代理後の法律関係

　民法では、無権代理行為が行われた場合の事後処理的ルールについて、いくつかの規定を置いています。

❶　本人の追認権

　本人は、事後的に自分への効果帰属を認めることができます。これが「追認」です。本人による**追認がされると、契約の時にさかのぼって本人に効果が帰属し**、代理行為は有効なものとして確定します。

❷　相手方の催告権・取消権

　無権代理の相手方は、本人に対し、相当の期間を定めて、その期間内に追認をするかどうかを確答すべき旨の**催告**をすることができます。

本人が期間内に確答しないときは、追認を拒絶したものとみなされます。

また、**善意**の相手方は、本人が追認しない間、**取消権**を行使することができます。

❸　無権代理人の責任

無権代理人は、相手方の選択に従い、①履行の責任または②損害賠償の責任を負います（117条1項）。

> つまり、相手方は、無権代理人に対して、①無権代理行為によって締結された契約等を無権代理人が履行するように請求することや、②無権代理行為によって生じた損害の賠償請求をすることが可能ということですね。

なお、無権代理人への責任追及は、原則として、①相手方が**悪意または有過失**であった場合や、②無権代理人が**制限行為能力者**であった場合などには、できないとされています（117条2項）。

3 表見代理

1 表見代理とは？

無権代理であっても、本人と代理人との間に一定の事情が存在し、相手方からみて代理人と信じてもやむを得ないと思われる場合もあり得ます。

そこで、ある一定の事情がある場合において、相手方保護のために、本人に無権代理行為の効果を帰属させる制度が**表見代理**といわれる制度です。**表見代理が成立すると、有効な代理と同じように扱われます。**

> 表見代理は、無権代理の一種ですが、その効果は正反対になっているので注意しましょう。

2 表見代理の類型と効果

表見代理には、①**代理権授与表示による表見代理**（109条）、②**権限外の行為**

の表見代理（110条）、③代理権消滅後の表見代理（112条）の３類型があります。

②「権限外の行為の表見代理」を例にして考えてみましょう。

たとえば、AからA所有の土地の賃貸借についての代理権を与えられていたBが、Aの代理人としてA所有の土地を売却する契約をCとの間で締結したとします。Bには土地の"売却に関する代理権"は与えられていませんから無権代理となるはずです。

しかし、相手方Cが、Bに代理人の権限があると信ずべき**正当な理由（善意・無過失）**がある場合、CはAに対して、表見代理の成立を主張して、土地の引渡しを求めることができることになります。

> 何らかの代理権（基本代理権）を与えられている者は、第三者から見て正当な代理人らしく見えてしまう可能性が高いです。そこで第三者を保護するために表見代理として規定されています。

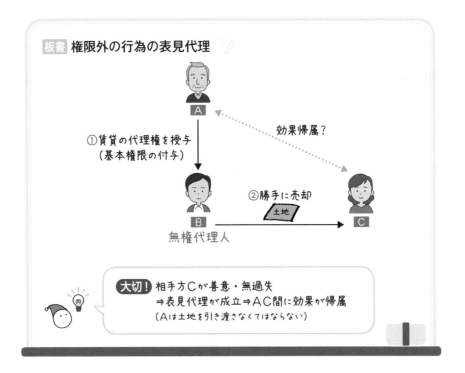

板書 権限外の行為の表見代理

A

①賃貸の代理権を授与
（基本権限の付与）

②勝手に売却
土地

B
無権代理人

C

効果帰属？

大切！ 相手方Cが善意・無過失
⇒表見代理が成立⇒AC間に効果が帰属
（Aは土地を引き渡さなくてはならない）

Section 4　時効

1　時効制度とは？

　「時効」とは、ある状態が一定期間継続したことにより、何らかの法律効果を認めることをいいます。

　民法における時効は、**一定の事実状態が長期間継続した場合に権利の取得を生ずる「取得時効」**と、**一定の事実状態が長期間継続した場合に権利の消滅をもたらす「消滅時効」**の２種類があります。

　時効制度が存在する理由としては、①一定期間継続した事実状態の保護による法律関係の安定、②権利の上に眠る者は保護に値しないこと、③裁判上の立証の困難からの救済、が挙げられます。

2　取得時効

　取得時効は、一定の事実状態が長期間継続した場合に権利を取得できる制度です。所有権以外の権利も対象になりますが、ここでは所有権の時効取得についてみていきましょう。

　「取得時効」という表現は、権利を取得する時効制度を指します。一方、「時効取得」と表現した場合、取得時効により権利を取得することを指します。

　所有権の時効取得の要件は、①**所有の意思をもって**、②**平穏にかつ公然**と、③**他人の物を占有**し、④**一定の時効期間を経過**したことです。

①　「所有の意思をもって」する占有のことを**自主占有**といいます。所有権を時効取得するためには、この**「所有の意思」が必要**です。

　　これは、占有取得の原因（どのような形で占有を始めたか）によって外形的・客観的に判断されるとされています。したがって、賃借人などは所有の意思がない（他主占有）ため、何十年占有しようと所有権を時効取得することはできません。

② 「平穏にかつ公然」とは、暴力的に奪ったような場合でなく、かつ、占有をしていることを隠匿していない場合をいいます。

③ 「他人の物を占有」するについては、必ずしも「他人の物」である必要はなく、「自己の物」であってもよいとされています（判例）。

たとえば、自分の物であるのに所有権を取得したことを証明するのが難しい場合には、時効取得を主張してもよいということです。

④ 「一定の時効期間」は、占有の開始時に善意かつ無過失なら10年、それ以外（悪意または有過失）は20年です。

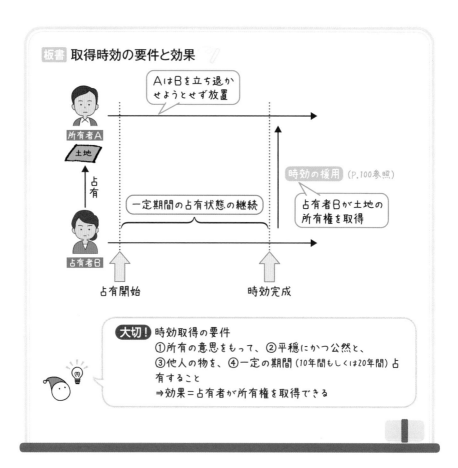

板書 取得時効の要件と効果

AはBを立ち退かせようとせず放置

所有者A

土地

時効の援用 (P.100参照)

占有

一定期間の占有状態の継続

占有者Bが土地の所有権を取得

占有者B

占有開始　　　　　　　時効完成

大切！ 時効取得の要件
①所有の意思をもって、②平穏にかつ公然と、③他人の物を、④一定の期間（10年間もしくは20年間）占有すること
⇒効果＝占有者が所有権を取得できる

3 消滅時効

消滅時効とは、一定の事実状態が長期間継続した場合に権利の消滅をもたらす制度です。債権以外の権利も対象になりますが、ここでは債権の消滅時効についてみていきましょう。

たとえば、AがBに対して10万円を貸していたとします。AはBに対して貸金債権という権利を有していることになりますが、この権利を一定期間放置しておくと、権利（貸金債権）が消滅してしまいます。

債権は、債権者が**権利を行使することができることを知った時**から**5年**間行使しない場合には、時効によって消滅します（166条1項1号）。ただし、権利が行使できる期限の到来を債権者が知らない場合についても、**権利を行使できる時**から**10年**間行使しない場合には、時効によって消滅します。

たとえば、2024年10月10日を返済期日として10万円を貸した場合、その日が「権利を行使することができることを知った時」となり、そこから5年が経過すると貸金債権は時効で消滅してしまいます。したがって、貸主はもはや返済を求めることができず、借主は返済する義務がなくなります。

板書 **消滅時効の要件と効果**

● Aは Bに 100万円を貸した
年利10%、返済期日2024/10/10

貸主A → 借主B

100万円の貸金債権

起算点 ⇒ 返済期日 2024/10/10

｝Aが権利を行使せずに5年経過

時効完成 ⇒ 2029/10/10

100万円の貸金債権

Aの貸金債権消滅

大切！ 板書の例のように、返済期日が2024年10月10日と確定されている債権を確定期限のついた債権といいます。確定期限のついた債権は、その期限から5年で消滅します

4 時効の援用

1 時効の援用とは

時効完成に必要な期間の経過によって当然に時効の効力が発生するわけではありません。当事者（＝時効によって利益を受ける者）が、「時効の利益を受けたい！」という意思を表示することによって時効の効力は生じます。この「時効の利益を受けたい！」という意思表示のことを**時効の援用**といいます（145条）。

時効の利益を受けることを欲しない者に対して、時効を強制する必要はありませんよね。そのため、当事者からの「時効の援用」があってはじめて時効の効力は生じることにしているのです。

2 時効の援用ができる者

時効の援用ができる当事者とは、判例では、時効により**直接に利益を受ける者**とされています。取得時効の場合は権利を取得する占有者、消滅時効の場合は債務の消滅により利益を受ける債務者が該当します。

さらに、条文では、保証人（債務者が弁済しない場合に債務者に代わって弁済する義務を負う者）なども、消滅時効の援用権者として明記されています（145条）。

なお、時効の利益を受けない旨の意思表示をすることも可能です。これを**時効の利益の放棄**といいます。ただし、時効の完成前に時効の利益を放棄することはできません（146条）。

板書 時効の援用

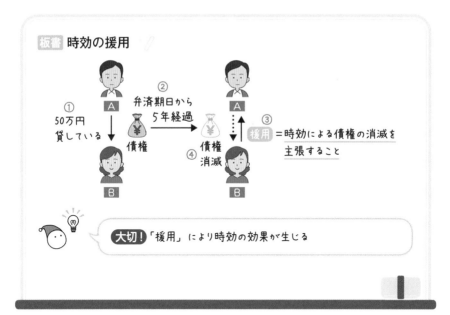

① 50万円貸している

② 弁済期日から5年経過

債権

債権消滅 ④

③ 援用 ＝時効による債権の消滅を主張すること

大切！「援用」により時効の効果が生じる

CHAPTER 1 総則 過去問チェック！

問1 Section1 2

成年被後見人がした行為であっても、日用品の購入は、取り消すことができない。
（裁判所2020）

問2 Section2 2

表意者が真意ではないことを知ってした意思表示は、表意者の内心を考慮して無効となるが、相手方が表意者の真意を知り、又は知ることができたときは、その意思表示は有効である。（特別区Ⅰ類2018）

問3 Section2 3

相手方と通じてした虚偽の意思表示は、無効であるが、その意思表示の無効は、当該行為が虚偽表示であることを知らない善意の第三者に対抗することができない。
（特別区Ⅰ類2018）

問4 Section3 1

代理は、本人の意思で他人に代理権を授与する場合に限り始まるものであるから、本人から何らの権限も与えられていない者が行った代理行為は、無権代理行為となる。（特別区Ⅰ類2019）

問5 Section3 2

本人が無権代理行為を追認した場合、別段の意思表示がないときは、追認の時点からその効力を生ずる。（国家専門職2012）

問6 Section4 4

時効の利益は、時効が完成する以前に、あらかじめ放棄することができるので、時効の利益を放棄したのちには、その時効の効果を援用することはできない。
（特別区Ⅰ類2014）

解答

問1 ○　成年被後見人が日用品の購入その他日常生活に関する行為を行った場合、取り消すことはできない。

問2 ×　表意者がその真意ではないことを知ってした意思表示は有効（93条1項本文）だが、相手方が表意者の真意を知り、または知ることができたときは、無効となる（93条1項ただし書）。

問3 ○　虚偽表示による意思表示は無効だが、善意の第三者に対しては虚偽表示の無効を対抗することはできない（94条1項、2項）。

問4 ×　代理には、本人が代理人を選んで代理権を与える任意代理の他に、法律の規定に基づいて、代理権が発生する法定代理がある。法定代理は、本人の意思とは関係なく代理人となるものである。

問5 ×　追認の時点からではなく契約の時にさかのぼって効力を生じる。

問6 ×　時効の利益はあらかじめ放棄することができない（146条）。「あらかじめ」とは、時効完成前を意味する。

CHAPTER 2

物 権

「物権」は"物に対する支配権"を指す言葉です。ここでは不動産物権変動が最重要テーマになります。登記がどのようなものかも理解しておきましょう。

Section 1

物権総論・所有権

1 物権とは？

物権は「物」に対する権利であり、物権の対象となる「物」には、**不動産**と**動産**があります。

不動産とは、土地や土地に定着して動かすことができない物（建物など）を指します。一方、**動産**とは、不動産以外の物を指します。

「物権」とは、特定の物を**直接支配**して利益を受けることができる**排他的**な権利です。

たとえば土地を買うと、買った人は所有権という物権をもつことになり、その土地に家を建てたり、畑にしたり、直接支配して自由に使えます。

また、誰か他の人が勝手にその土地を使っていたら「出て行け」と追い出すこともできます。

強力な権利であることから、同一の物の上に同一の内容の物権を2つ以上成立させることはできません。これを物権の排他性といいます。

また、物権は、法律で定めるもののほかは創設することができません（175条：物権法定主義）。

これは、当事者の合意によって新たな種類の物権を作り出すことができないということだけでなく、当事者の合意によって物権の内容を法律と異なる内容にすることもできないことを意味しています。

その理由は、物権は排他性のある大変強力な権利なので、当事者の合意だけで新たに作り出したり、内容の変更を認めると、社会的に混乱が生じるからです。

2 所有権

1 所有権とは

❶ 所有権とは

所有権とは、物に対する全面的な支配権です。

所有権を有する者は、その物を自由に**使用**すること、利用して**収益**を図ること、**処分**（売却）してお金にかえることができます。

❷ 共有

2人以上の人が1個の物を共同で所有することを**共有**といいます。共有物の使用については、各共有者は、共有物の全部について、その「**持分**」に応じた使用をすることができます（249条）。

> 「持分」とは、各共有者が目的物に対して持っている権利やその割合のことです。持分（の割合）は、当事者の合意によって決定されますが、不明の場合は均等と推定されます（250条）。

また、共有物の補修など共有物を**保存する行為**は、共有者は**単独**で行うことができます。

一方、共有物全部の売却など共有物の変更は、**共有者全員の同意**が必要です（251条）。さらに、共有物の管理に関する事項は、各共有者の**持分の価格に従い、その過半数**で決めることになります（252条本文）。

Section 2

不動産物権変動と登記

1　物権変動とは？

「物権変動」とは、物権の発生・変更・消滅の総称です。

契約に基づいて権利が設定・移転される場合だけでなく、相続や取得時効など契約以外の原因によって権利が設定・移転される場合もあります。

> 総称なのでさまざまなものを含みますが、ここでは「権利の移転」のことと理解しておけば十分です。

では、権利の移転などの物権変動は何によって生じるのでしょうか？

日本の民法では、**意思主義**という考え方が採用されており、「物権の設定及び移転は、当事者の**意思表示のみによって、その効力を生ずる**」（176条）と規定されています。

> これに対して、意思表示だけでは物権変動は生じず、それに加えて一定の形式的行為（登記など）を必要とする「形式主義」という考え方を採用する国もあります。

さらに、契約による権利移転（＝物権変動）が生じる時期についても、特約のない限り、意思表示の合致した時（契約締結時）に権利移転（＝物権変動）が生じるとされています。

不動産と動産で物権変動の取扱いが異なる部分がありますが、ここでは不動産の物権変動について見ていきましょう。

2 不動産物権変動と民法177条

1 民法177条と対抗要件

では、不動産の権利を取得した者は、意思表示のみで誰に対しても自分が
その不動産の所有者であると主張可能なのでしょうか?

その際に出てくるのが「対抗要件」という考え方です。

**対抗要件とは、当事者以外の第三者に自分が権利者であることを主張する
ために必要なもののこと**です。

民法177条では、「不動産に関する物権の得喪及び変更は、不動産登記法
その他の登記に関する法律の定めるところに従いその**登記をしなければ、第
三者に対抗することができない**」と規定しています。

登記とは、不動産に関して、その面積や地目、所有者等を記載した
公的な記録のことです。登記には代々の所有者が記載されています。
「登記を取得する」「登記を備える」という表現は、実際にはこの登
記簿という記録に自分が所有者であると記載されることをいいます。

したがって、177条の「第三者」に該当する者に対しては、**対抗要件であ
る「登記」**がなければ、自分が権利を取得したことを対抗(主張)すること
ができません。このような関係のことを**対抗関係**といいます。

自分に土地を売った相手に対して「自分が所有者だ」というのに登記は必
要ありません。売主は当事者だからです。

ここで問題になっているのは、当事者以外の第三者との関係です。

2 二重譲渡

対抗関係として処理される典型的なケースが二重譲渡です。

二重譲渡とは、Aが自己所有の土地をBに売却した後で、さらにCにも譲
渡したようなケースを指します。当然、BとCが当該土地の所有権の取得を
めぐって争うことになるでしょう。

BとCには直接的な関係はありません。つまり、互いに第三者となるため、
BC間で所有権の取得を対抗するには**「登記」**が必要です。

したがって、BとCのどちらが所有者になるかについては、**登記を先に取得できたか否かで決まります**。

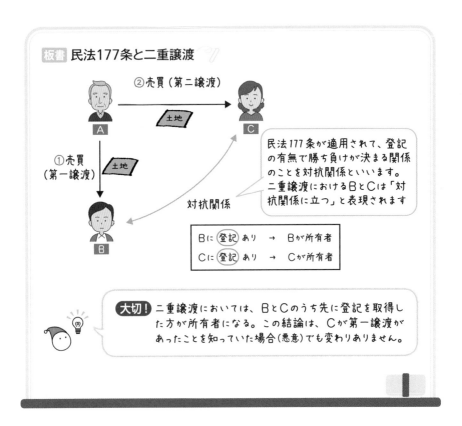

板書 民法177条と二重譲渡

②売買（第二譲渡）

A → [土地] → C

①売買（第一譲渡） [土地] → B

対抗関係

民法177条が適用されて、登記の有無で勝ち負けが決まる関係のことを対抗関係といいます。二重譲渡におけるBとCは「対抗関係に立つ」と表現されます

B に (登記) あり → B が所有者
C に (登記) あり → C が所有者

大切！ 二重譲渡においては、BとCのうち先に登記を取得した方が所有者になる。この結論は、Cが第一譲渡があったことを知っていた場合（悪意）でも変わりありません。

占有権

1　占有権

占有とは、自己のためにする意思をもって物を所持するという事実状態を指します。

> 占有とは、不動産ならそこに住んでいる、動産なら持っている・支配下に置いている、といった状態のことを指します。

　占有は必ずしも本権（所有権など）に基づくものとは限りません。そこで、このような現実に物を支配している事実状態（実際に住んでいるとか所持しているという状態）を尊重するために、占有しているという事実から発生する権利を認めています。それが「占有権」です。

　たとえば、泥棒が盗んだ物を所持している場合、盗品に対して占有権を有することになります。

> とはいっても、多くの場合、物に対する事実上の支配は、所有権などの占有を正当化する権利（本権）に基づいていますので、所有権などの本権の存在を簡単に立証できない場合でも占有権が認められることで、本権の保護が図られていることも多いです。

2　占有訴権

　占有者が占有を侵害された場合に、その侵害を排除するために行使できるのが**占有訴権**です。

　この占有訴権は、事実上の支配が侵害された場合に、**所有権の有無や善意悪意に関係なく**、その侵害を排除する権利です。

　占有訴権には、①**占有保持の訴え**（198条）、②**占有保全の訴え**（199条）、③**占有回収の訴え**（200条）の３種類があります。

たとえば、③の占有回収の訴えは、占有を奪われた場合に、占有者が、奪った者に対して、その物の返還および損害賠償の請求ができるものです。

3 即時取得

1 即時取得とは？

Aの所有する時計を盗んだBが、それを自分の物と偽って、Cに売却し、引き渡した場合を考えてみましょう。

Bは単なる泥棒で、当然に無権利者です。無権利者から時計を購入したCは、本来、有効に権利を取得することはできないはずです。

しかし、無権利者から購入した場合に、常に所有権が取得できないことになると、**動産取引の安全**は維持されません。

そこで、設けられているのが**即時取得**（「善意取得」ともいいます）という制度です。

無権利者から取得した者であっても、要件を満たして**即時取得が成立すれば、所有権を取得する**ことができます。

その結果、真の所有者の所有権は失われることになります。
つまり、即時取得という制度は、真の権利者の犠牲のもとで動産取引の安全を図る制度といえます。そのため、それが認められる要件のハードルは結構高く設定されています。

2 即時取得の成立要件

では、即時取得はどのような要件を満たすと成立するのでしょうか？

① **動産であること**

動産取引の安全を守るための制度なので、対象となるのは動産です。不動産は対象になりません。また、金銭も対象となりません。

② **有効な取引行為によって取得したこと**

即時取得をするためには「取引行為」によって占有を取得する必要があります。「取引行為」とは、売買や贈与を指します。したがって、相続や

拾得による取得は含まれません。

　さらに、③無権利者から取得したこと、④平穏公然・善意無過失で、⑤占有を取得したことが即時取得の成立要件です。

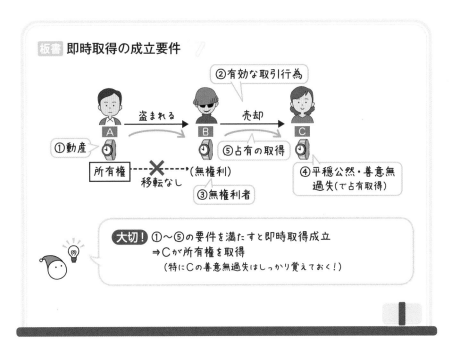

問1　Section1 2

共有物の管理に関する事項は、共有物の変更の場合を除き、各共有者の持分の価格に従い、その過半数で決するが、共有物の保存行為は、各共有者が単独ですることができる。（特別区Ⅰ類2012）

問2　Section2 2

AがBに土地を売却したが、さらにAは、Bへの売却の事実を知っているCにも当該土地を売却した。Cは民法177条の第三者に当たるので、BがCに土地所有権を主張するには登記が必要である。（国家一般職2006）

問3　Section3 2

善意の占有者は、その占有を奪われたときは、占有侵奪者に対し、占有回収の訴えにより、その物の返還及び損害の賠償を請求することができるが、悪意の占有者は、その物の返還及び損害の賠償を請求することができない。（特別区Ⅰ類2018）

問4　Section3 3

金銭の占有者は、特段の事情のない限り、その占有を正当づける権利を有するか否かにかかわりなく、金銭の所有者とみるべきではないから、金銭については即時取得の適用があるとした。（特別区Ⅰ類2019）

解答

問1 ○　共有物の管理に関する事項は、共有物の変更の場合を除き、各共有
者の持分の価格に従い、その過半数で決する。ただし、保存行為は、
各共有者がすることができる（252条）。

問2 ○　単なる悪意者は民法177条の第三者に当たる。したがって、BとC
は対抗関係（177条）となるので、BがCに土地所有権を主張するに
は登記が必要。

問3 ×　占有訴権の行使について占有者の主観（善意・悪意）は問われな
い。悪意の占有者も占有回収の訴えを提起することはできる（200条
1項）。

問4 ×　金銭は単なる動産ではなく価値そのものと考えるべきであって、占
有のあるところに所有権があると解されている（判例）。したがって、
即時取得の対象とはならない。

CHAPTER 3

担保物権

担保物権は、債権の回収を図るために設定される物権です。試験上、「抵当権」は重要度が高いです。その抵当権を理解する前提として、担保物権に共通の性質（通有性）をきちんと理解しておきましょう。

Section 1 担保物権総論

1 担保物権の機能

　担保物権とは、債権の確実な回収を図る手段として、債務者または第三者の財産に対して債権者が優先的に行使できる物権の総称です。

　担保物権を有している債権者は、担保物権が設定されている目的物の財産的な価値から他の債権者に優先して弁済を受けることができます。

> 担保物権の設定がされていない場合、各債権者が債権の回収を図る際には「債権者平等の原則」によることになります。この「債権者平等の原則」とは、債権発生の原因・時期を問わず、債権額に比例した配当を受けるという原則です。
> そうなると、最初に貸した者も優先的に回収ができるわけではないので、きちんと弁済を受けられるかどうかはかなり不確実なものになってしまいます。

　例えば、AがBに2000万円を貸し、さらに、CもBに4000万円を貸したものの、Bの財産が3000万円の土地しかない場合において、担保物権の設定がなく、債権者平等の原則に基づいて分配がされると次のようになります。

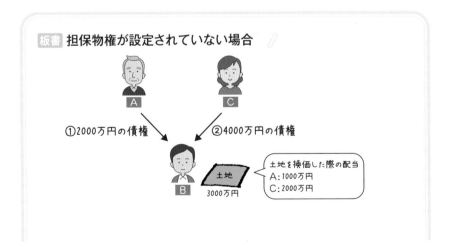

板書 担保物権が設定されていない場合

①2000万円の債権　②4000万円の債権

土地 3000万円

土地を換価した際の配当
A：1000万円
C：2000万円

大切！ この事例の場合、Aは債権額の半分しか回収ができません

では、Aが担保物権の設定を受けている場合はどうなるでしょうか？

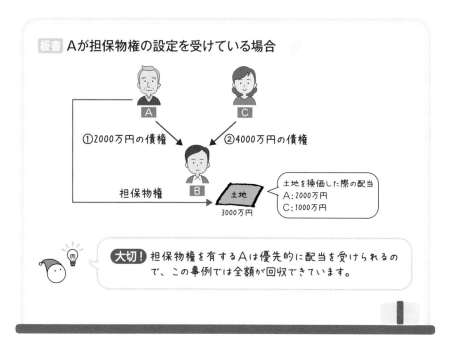

板書 Aが担保物権の設定を受けている場合

①2000万円の債権　②4000万円の債権

担保物権　B　土地
3000万円

土地を換価した際の配当
A：2000万円
C：1000万円

大切！ 担保物権を有するAは優先的に配当を受けられるので、この事例では全額が回収できています。

CH3
担保物権

2 担保物権の種類

担保物権には、法律の規定する一定の事情（要件）が生じた場合に当然発生する**法定担保物権**と当事者の約定によって発生する**約定担保物権**があります。

板書 担保物権の種類

担保物権
- 法定担保物権
  - 留置権
  - 先取特権
- 約定担保物権
  - 質権
  - 抵当権

3 担保物権の効力

担保物権には、①**優先弁済的効力**、②**留置的効力**、③**収益的効力**の3つの効力があります。

1 優先弁済的効力

優先弁済的効力とは、債務が弁済されないとき、担保物権の目的物の価値から他の債権者に優先して弁済を受けることができる効力です。

2 留置的効力

留置的効力とは、債務が弁済されるまで担保物権の目的物を担保物権を有する者が留置する（手元に置いておく）ことができる効力です。

3 収益的効力

収益的効力とは、担保物権者が担保物権の目的物を使用・収益し、債務の

弁済に充当することができる効力です。

4 担保物権の通有性

担保物権には、①付従性、②随伴性、③不可分性、④物上代位性の４つの共通する性質があり、これらを通有性といいます。

> ただし、共通の性質といっても、留置権には物上代位性はありません。これは留置権には優先弁済的効力がないことからくるものです。

1 付従性

付従性とは、被担保債権（担保物権により担保される債権）が成立しなければ担保物権も成立せず、また、被担保債権が消滅すれば、それと同時に担保物権も消滅するという性質をいいます。

2 随伴性

随伴性とは、被担保債権が債権譲渡などにより移転すれば、担保物権もそれに伴って移転するという性質をいいます。

3 不可分性

不可分性とは、被担保債権の全部について弁済を受けるまで、担保物権の目的物全部についてその効力が及ぶという性質をいいます。たとえば、被担保債権の半分が弁済されても、担保物権の及ぶ範囲が目的物の半分になるわけではないということです。

4 物上代位性

物上代位性とは、担保物権の目的物が、売却・賃貸・滅失・損傷によって、代金・賃料・保険金などの金銭その他の物に変わった場合、これらの物に対しても権利を行使できるという性質をいいます。

たとえば、建物に担保物権が設定されていた場合において、建物が火災で

焼失したことにより所有者が火災保険金請求権を取得したときは、担保物権を有する者はそこから優先弁済を受けることができます。

板書 担保物権の性質

		留置権	先取特権	質権	抵当権
通有性	付従性	○	○	○	○
	随伴性	○	○	○	○
	不可分性	○	○	○	○
	物上代位性	×	○	○	○
効力	優先弁済的効力	×	○	○	○
	留置的効力	○	×	○	×
	収益的効力	×	×	不動産質権のみ○	×

大切! 通有性で×が付くのは留置権の物上代位性のみ
抵当権は留置的効力がない

Section
2

抵当権

1 抵当権とは?

抵当権とは、不動産（不動産、地上権、永小作権）を対象として、債権（被担
保債権）の優先的な弁済を受けるために設定する担保物権です。

債務者が被担保債権の弁済ができなくなった場合には、抵当権者は抵当権
を実行して（抵当不動産を競売にかけて）、他の債権者に優先して、売却代金か
ら優先的に弁済を受けることができます。

> 抵当権の実行のための一般的な手段が「競売」です。「競売」と
> は、抵当不動産を強制的に売却することです。

抵当権の設定により担保される（守られる）債権を**被担保債権**、抵当権が
設定される不動産の所有者を**抵当権設定者**といいます。抵当権の設定は、債
権者と抵当権設定者との抵当権の設定契約（当事者の意思表示だけで成立）によ
り行われます。

抵当権は、担保物権の4つの通有性を全て有しています。

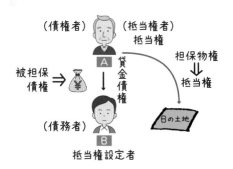

板書 抵当権

（債権者）（抵当権者）
抵当権

A 貸金債権

被担保
債権 ⇒ ¥

担保物権
⇓
抵当権

（債務者）

B

抵当権設定者

Bの土地

大切！ 債務者Bが被担保債権の弁済ができない場合、抵当権者Aは、抵当権が設定された土地を換価して優先弁済が受けられる

2 物上保証人

　債務者以外の第三者の土地に抵当権が設定された場合、その所有者が抵当権設定者になりますが、この者を特に**物上保証人（ぶつじょうほしょうにん）**といいます。

　物上保証人の場合も、当事者の意思表示の合致に基づく抵当権設定契約により、抵当権は設定されます。

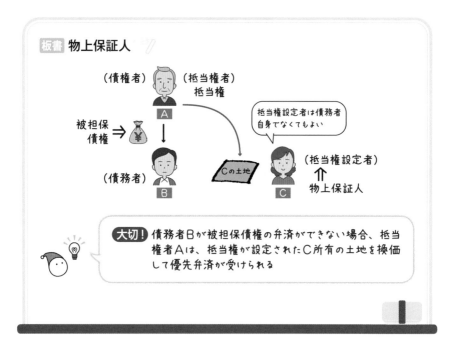

板書 物上保証人

（債権者）（抵当権者）抵当権

被担保債権 ⇒

A

B （債務者）

抵当権設定者は債務者自身でなくてもよい

Cの土地

C （抵当権設定者）⇧ 物上保証人

大切！ 債務者Bが被担保債権の弁済ができない場合、抵当権者Aは、抵当権が設定されたC所有の土地を換価して優先弁済が受けられる

留置権・質権

1　留置権

留置権は、他人の物の占有者が、その物に関して生じた債権の弁済を受けるまでその物を留置する権利です。

たとえば、AがBから車の修理を依頼され修理を行い、修理代金として10万円を請求したが、Bは支払おうとしない。その後、Bが修理代金を支払わずに車の返還を求めてきた場合に、Aは留置権を主張して返還を拒否することができます。

留置権は、当事者の合意により生じる抵当権や質権と異なり、条文上の要件を満たした場合に生じる**法定担保物権**です。

2　質権

質権は、債権者がその債権の担保として、債務者から受け取った物を**債務が弁済されるまで占有**し、弁済されない場合、その物の代価から他の債権者に**優先して弁済を受ける**ことができる担保物権です。

たとえば、AがBにお金を貸す際、Bの所有する高級時計を債権の担保とする場合に、その高級時計に設定されるのが質権です。

上記のような動産を対象とする質権の設定は、当事者の意思表示の合致による質権設定契約の締結に加えて、債権者に目的物を**引き渡す**ことで効力を生じます。

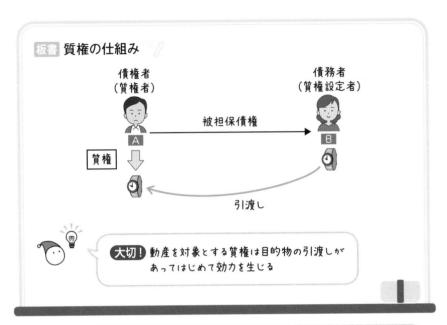

このように、契約の成立要件として、当事者の意思表示の合致のほかに、目的物の引渡しを必要とする契約を要物契約といいます。

　質権は、何を質権の目的（対象）とするかによって、**動産質**、**不動産質**、**債権質**の3種類に区分されます。

CHAPTER 3　担保物権　過去問チェック！

問1　Section1 4

担保物権には付従性があり、被担保債権が発生しなければ発生せず、被担保債権が消滅すれば消滅するので、被担保債権の一部の額の弁済を受けると、目的物の全部についてはその権利を行うことはできない。(特別区Ⅰ類2009)

問2　Section2 1

抵当権は付従性、随伴性、不可分性は有するが、目的物の担保価値を把握する性質の権利である以上、物上代位性は有しない。(国家専門職2018)

問3　Section2 2

抵当権の設定は、債務者以外の第三者の所有する不動産につき、その第三者と債権者との間で行うことができ、債務者以外の第三者の所有不動産上に抵当権が設定されたときの第三者を物上保証人というが、この場合、抵当権設定契約は当事者の意思表示だけでは有効に成立しない。(特別区Ⅰ類2017)

解答

問1　×　前半の付従性に関する記述は妥当。後半は不可分性についての記述であり、担保物権の不可分性から、被担保債権の一部弁済を受けても目的物の全部について権利行使が可能。

問2　×　物上代位性も有している。

問3　×　抵当権は約定担保物権であり、当事者の合意のみによって成立する。

CHAPTER 4

債権総論

「債権」は"人に対する請求権"を指す言葉です。債権編の内容は多岐にわたり、分量が多いため整理しにくい分野となっています。まずは、債権全般に関わる部分を「債権総論」として学習していきます。

Section 1 債務不履行

1 債権と債務

債権とは、**特定の人が特定の人に対して一定の行為を請求できる権利**です。また、売買契約のように双方が債権者であり債務者でもあるという契約もあります。

たとえば、AがBに200万円で車を売却する契約を締結したとします。

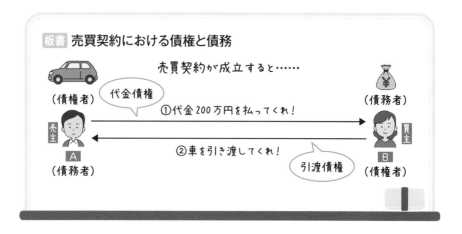

売買契約は、契約の効果として、AB間に2つの債権債務関係を生じさせます。

売主Aから買主Bに対しては、①「代金200万円を支払ってくれ！」という代金債権、買主Bから売主Aに対しては、②「車を引き渡してくれ！」という引渡債権が生じます。

①の代金債権では、売主Aが債権者、買主Bが債務者です。一方、②の引渡債権では、買主Bが債権者、売主Aが債務者ということになります。

このように両者に債務を生じさせる契約のことを「双務契約」といいます。

2 債権の種類

1 特定物債権

その物の個性に着目して引渡しの対象とされた物を**特定物**といいます。そして、この特定物の引渡しを求める債権を**特定物債権**といいます。

中古車や不動産は一つ一つ異なるものであり、この世に1つしかない「その物」を引渡しの対象としています。したがって、中古車や不動産の売買によって成立する引渡債権は、通常、特定物債権とされています。

2 種類債権

債権の目的物を示すのに種類と数量だけを指定した債権を**種類債権**といいます。

種類債権で品質が特定されたものを**不特定物債権**といいますが、品質について特に定めなかった場合には中等（中くらい）とみなされるので、実際には、種類債権≒不特定物債権と考えてよいことになります。

3 金銭債権

一定額の金銭の引渡しを目的とする債権を、金銭債権といいます。

3 債務不履行

1 債務不履行とは

債務者が債務の本旨に従った（契約で定めた内容どおりの）履行をしないことを**債務不履行**といいます（415条）。

2 債務不履行の種類

債務不履行には、①**履行遅滞**、②**履行不能**、③**不完全履行**の３つの種類があります。

❶ 履行遅滞

債務を履行することが可能であるにもかかわらず、履行期を過ぎても履行されないことをいいます。

たとえば、売買代金の支払いが遅れているような場合です。確定期限がある場合はその日から、期限の定めのない場合は、原則として債権者から請求を受けた日より、遅滞となります。

❷ 履行不能

債務を履行することが不可能となったことをいいます。

たとえば、中古車や建物のような特定物の売買が行われた場合に、債務者がその売買の目的物を焼失してしまったような場合です。

金銭債務については履行不能ということがありません。たとえ債務者に支払能力がない場合でも、どこかから借りて払うことも可能なことから履行遅滞と考えますので注意しましょう。

❸ 不完全履行

債務の履行が一応されたものの、不完全な点があることをいいます。

3 債務不履行の効果

債務不履行が生じると、債権者は、①**本来の給付の請求**、②**損害賠償請求**、③**契約の解除**、が可能となります。

❶ 本来の給付の請求

履行遅滞または不完全履行で本来の給付の実現が可能である場合、債権者がそれを望むときは、本来の給付を請求することができます。

債務者が任意に債務の履行をしない場合には、債権者が裁判所の手を借り

て、その内容を強制的に実現してもらうこと（強制履行）も可能です（414条）。一方、履行不能の場合、本来の給付を請求することはできません（412条の2）。

❷　損害賠償請求

　債務不履行によって債権者に損害が発生している場合に、その賠償を債務者に対して求めることです（415条）。

　ただし、債務不履行が**債務者の責めに帰すことができない事由**によるものであるときは、原則として、損害賠償請求をすることができません。

> つまり、債権者が損害賠償をするためには、債務不履行について債務者に責任があることが必要であり、災害や第三者が原因で債務不履行が生じた場合は、損害賠償請求はできないということです。

❸　契約の解除

　契約成立後に生じた一定の事由を理由として、契約の効力を一方的に消滅させることです。

　債務不履行が生じている場合、債権者は契約の解除をすることができます（541条等）。損害賠償請求と異なり、解除をするためには、**債務者の責めに帰すべき事由（帰責事由）**は不要です。

> 「解除」と「取消し」は、どちらも契約等をやめるものであり、同様の効果を有しています。やめることになった原因が契約時点にある場合（制限行為能力、錯誤、詐欺、強迫）は「取消し」、契約後に生じた場合（債務不履行等）は「解除」と呼び分けられています。

Section 2　債務者の責任財産の保全

1　責任財産の保全とは

　責任財産とは、債務の弁済に充てる債務者の財産を指します。

　債務者が債務の弁済をしない場合は、債権者は、債務者の財産に対して差押え等をして強制的に回収を図ることになります。

　その前提として、債務の弁済に充てるべき債務者の財産（＝責任財産）がきちんと維持されていることが必要です。

　しかし、債務者が自分の財産を維持すべく努力していなかったり、債権者の追及から逃れるために積極的に財産を減らそうとしたりすることがあります。

　このような場合に対処するために債権者に認められているのが、債権者代理権と詐害行為取消権です。

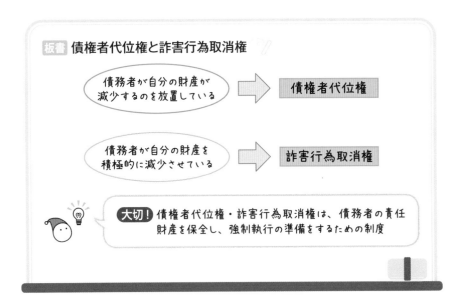

板書　債権者代位権と詐害行為取消権

債務者が自分の財産が減少するのを放置している　⇒　債権者代位権

債務者が自分の財産を積極的に減少させている　⇒　詐害行為取消権

大切！　債権者代位権・詐害行為取消権は、債務者の責任財産を保全し、強制執行の準備をするための制度

2 債権者代位権

1 債権者代位権とは？

　自己の有する財産よりも債務の方が多いため、債務者が債務の弁済ができない状態にあるにも関わらず、自分が他人に対して有している債権の回収をしようとしない等、自己の財産を守ること（保全）をしていない場合があります。

　このような場合、債務者の責任財産（債務の弁済に充てられるべき財産）の保全を図るために、**債権者は債務者に属する権利（被代位権利）を代わって行使すること**ができます（423条）。これが**債権者代位権**です。

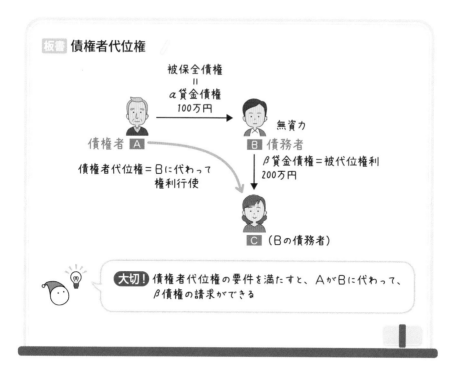

板書 **債権者代位権**

被保全債権
＝
α貸金債権
100万円

債権者 A → B 債務者　無資力

債権者代位権＝Bに代わって
権利行使

β貸金債権＝被代位権利
200万円

C （Bの債務者）

大切！ 債権者代位権の要件を満たすと、AがBに代わって、
β債権の請求ができる

2 要件

❶ 債権保全の必要性

債権者代位権の要件の１つとして、**債権保全の必要性**があります。では、ここでいう「債権保全の必要性」とは何を指すのでしょうか？

それは、債務者が**無資力**であることを指すとされています。無資力とは、債務者が債務超過状態にあり、債権者に対する債務の弁済が困難となっている状況のことです。

被保全債権が金銭債権の場合、**常に無資力要件が必要**となります。

> **被保全債権**とは、債権者代位権の行使によって保全しよう（守ろう）としている債権のことであり、債権者代位権を行使しようとしている債権者の有している債権（債務者のα債権）を指します。
> なお、金銭債権以外の債権（特定債権といいます）の保全のために債権者代位権が行使される場合には、無資力要件は例外的に不要となります。

❷ 債務者の「一身に専属する権利」および「差押えを禁じられた権利」でないこと

債務者の「一身に専属する権利」および「差押えを禁じられた権利」については、代位権を行使することができません（423条１項ただし書）ので、それ以外の財産的権利が債権者代位権の行使対象となり得ます。

債務者の一身に専属する権利としては、遺留分侵害額請求権（1046条）、財産分与請求権（768条１項）などが該当するとされています。

> これは今は覚える必要はありません。

❸ 債権が弁済期にあること

債権者代位権を行使するためには、原則として被保全債権の弁済期が到来していることが必要です。

❹ 債務者が自ら権利行使をしていないこと

債務者が自ら権利行使をしている場合には、たとえその方法が不適切であ

ったとしても債権者代位権は行使できません。

3 行使方法

債権者代位権は、裁判上でも裁判外でも行使できます。

4 行使の範囲

債権者代位権を行使する債権者（代位債権者）は、自己の債権額の範囲においてのみ債務者の債権を代位行使することができます（423条の2）。

したがって、板書**債権者代位権**（前々ページ）において、AのBに対するα債権は100万円なので、BのCに対する200万円のβ債権全額の支払いを代位行使することはできません。代位行使によってCに支払いを求めることができるのは、あくまでもAの債権額（被保全債権の金額）の100万円に限定されます。

3 詐害行為取消権

1 詐害行為取消権とは？

自己の有する財産よりも債務の方が多くあり、債務の弁済ができない状態にある債務者が、債権者による差し押さえ等を免れるために、自分の財産を他人にあげてしまうなどわざと自分の財産を減らす法律行為（契約等）をする場合があります。

このような場合に、それによって**害される**（債権の弁済が受けられなくなる）**債権者がその法律行為**（=詐害行為）**を取り消す**ことが認められています。これが**詐害行為取消権**です。

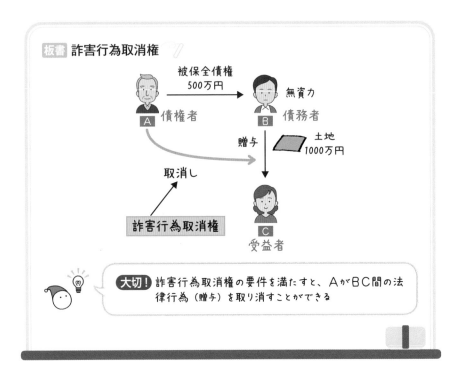

板書 詐害行為取消権

被保全債権
500万円

A 債権者 → B 債務者　無資力

贈与　土地
1000万円

取消し

詐害行為取消権

C
受益者

大切! 詐害行為取消権の要件を満たすと、AがBC間の法律行為（贈与）を取り消すことができる

2 要件

❶ 被保全債権が金銭債権であること

板書 **詐害行為取消権**のAからBへの債権が金銭債権であるということです。

❷ 被保全債権が詐害行為の前の原因に基づいて生じたものであること

　債務者の行為が、被保全債権の発生原因となる行為より前になされたのでは、債権者を害する行為とはいえなくなります。

　たとえば、板書 **詐害行為取消権**において、BのCに対する贈与が、AのBに対する債権の発生原因となる行為（契約）より前にされたのであれば、債権者を害するとはいえないということです。

　したがって、BのCに対する贈与契約がAのBに対する債権の発生後にされたものであることが必要となります。

❸ 債権者を害する行為であること

債権者を害する行為というのは、**債務者が無資力**であること（もしくはこの行為により無資力となること）です。

❹ 財産権を目的としない行為でないこと

財産権を目的としない行為は詐害行為取消権の対象となりません（424条2項）。

したがって、離婚による財産分与や相続の放棄などの身分行為は、原則として取消しの対象となりません。

ただし、離婚による財産分与が不相当に過大な場合、その不相当な部分は詐害行為取消権の対象となります（判例）。

❺ 債務者および受益者が債権者を害することを知っていたこと

詐害行為取消権を行使するためには、**債務者および受益者が債権者を害することを知っていたこと**（悪意）が必要です。

🟦3 行使方法

詐害行為取消権は、必ず裁判上で行使する必要があります。

債権の消滅

1　債権の消滅とは

　債権は様々な原因で消滅します。例えば、これまで学習してきた時効による消滅や契約の取消しなども債権の消滅原因の1つです。

　ここでは様々ある債権の消滅原因のうち特に重要度の高い「弁済」と「相殺」について学習していきます。

2　弁済

1　弁済とは？

　弁済とは、債務がその内容どおりに履行されることです。これにより債権（債務）は消滅します。

　たとえば、AがBに10万円でパソコンを売却する契約を締結したとします。すると、①AがBに対して10万円の代金債権を、②BがAに対してパソコンの引渡しを求める引渡債権をそれぞれ有していることになります。

　この場合、BがAに10万円を支払うことは①についての弁済になりますし、AがBにパソコンを引き渡すことは②に対する弁済になります。

2　第三者弁済

　第三者弁済とは、他人の債務を第三者が自己の名において弁済することです。本来、債務の弁済は債務者が行うものですが、原則として第三者による弁済も認められています。ただし、第三者弁済が許されない場合もあります。

板書 第三者弁済の可否

第三者弁済をする人 債務者(または債権者)の意思に反するか	正当な利益あり 例 物上保証人	正当な利益なし 例 友人
反しない	できる	できる
反する	できる	原則できない

大切! 弁済をするについて正当な利益を有しない者は、原則として、債務者(または債権者)の意思に反して弁済をすることができません

3 受領権者としての外観を有する者に対する弁済

債権者ではない者に弁済をしても本来、有効な弁済とはなりません。

しかし、**受領権者としての外観を有する者**に対して、弁済者が**善意・無過失**で弁済をした場合、その**弁済は有効**となります (478条)。

受領権者としての外観を有する者とは、債権者 (もしくは弁済を受領する権限を付与された者) ではないのに、社会通念上、債権者であるような外観を備えた者をいいます。たとえば、預金通帳と印鑑を盗んだ者や債権証書を盗んだ者などです。

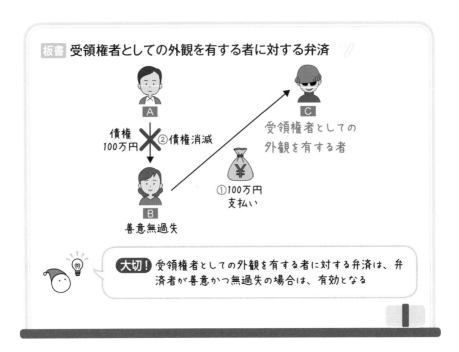

受領権者としての外観を有する者に対する弁済

A

債権
100万円　②債権消滅

受領権者としての
外観を有する者

C

B

善意無過失

①100万円
支払い

大切! 受領権者としての外観を有する者に対する弁済は、弁済者が善意かつ無過失の場合は、有効となる

3 相殺

1 相殺とは？

　相殺とは、ある債権の債務者が債権者に対して、弁済期にある同種の債権を有する場合に、その**債権と債務を対当額**（同じ金額）**で消滅させる一方的な意思表示**のことです。

　相殺の場合、「自動債権」と「受働債権」という用語がとても大切になります。

　相殺によって対等額で消滅する債権のうち、相殺をする者が有している債権を**自動債権**、相殺をする者が負っている債務を**受働債権**といいます。

相殺のルールは全て自動債権・受働債権という言葉を使って表現されますので、まずはこの言葉をきちんと理解して覚えることが先決です。

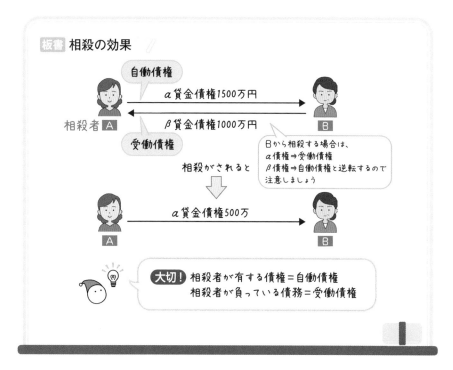

2 相殺の要件

① お互いに相手に対して債務を負担していること

> 図で表した時に債権債務の矢印が向かい合っているイメージです。
> A→B、A←Bとなっていることですね。

② 双方の債権が同種の目的を有すること

> 醤油、塩、灯油などの貸し借りがある場合はそれも相殺は可能です
> が、通常は、金銭債権が対象と思っておいていいでしょう。

③ 双方の債務が弁済期にあること

条文（505条1項）では、「双方の債務が弁済期にあるとき」と規定さ

れています。しかし、受働債権は、相殺をしようとしている者にとって
債務です。債務者は原則として期限の利益（○月○日まで返さなくていいと
いう利益）を放棄できます。

　したがって、相殺をする者は、受働債権については期限の利益を放棄
して（期限より前に支払いをするつもりで）、相殺をすることが可能です。そ
のため、**自働債権が弁済期にあればよく、受働債権は必ずしも弁済期に
あることを必要としません。**

④　両債務が性質上相殺を許す債務であること
　悪意による不法行為に基づく損害賠償の債務のように、相殺が制限さ
れる債権（債務）もあります。

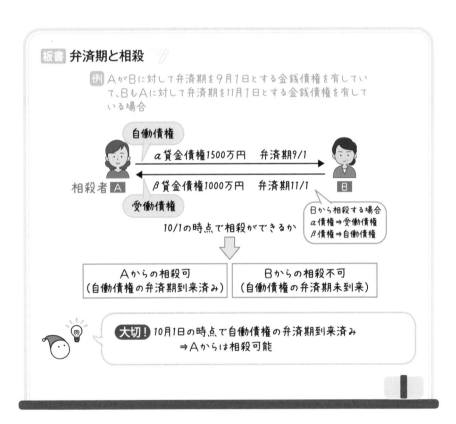

144

③ 相殺の効果

相殺がされると債権（自働債権）と債務（受働債権）が対当額（同じ金額）で消滅します。

この相殺の効果は、相殺の意思表示の時からではなく、相殺が可能な状態になった時にさかのぼって生じます。

なお、相殺の意思表示には条件や期限を付けることはできません。

Section 4 債権譲渡

1 債権譲渡とは？

債権は譲渡することが可能です（466条1項）。**債権譲渡**とは、**債権の内容を変えることなく契約によって債権を移転させること**をいいます。

具体的には、AがBに対して有する100万円の金銭債権をCに移転するようなケースです。

Aは弁済期まで待っていればBから100万円を受け取れるわけですが、弁済期より前に現金化したい場合があります。その場合、この債権をCに売るわけです。Cはそれ相応の対価を払ってAからこの債権を購入する形になります。

 債権譲渡をする際に、債務者の同意や承諾は特に必要ありません。対価については債務者Bの信用力や弁済期までどのくらいの期間があるかなどで変わっていくでしょう。

板書 **債権譲渡とは**

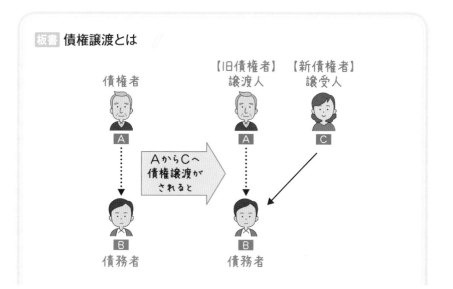

大切！ AからCへ債権譲渡がされると、Cが債権者になる

2 債権譲渡の対抗要件

　債権譲渡により新たに債権者となった譲受人が、自分が債権者であること
を主張するためには、対抗要件を備える必要があります。

1 債務者に対する対抗要件

　債務者に対する対抗要件は、①譲渡人（旧債権者）から債務者への「通知」、
または、②債務者の「承諾」です。

①の通知は、譲渡人が行う必要があります。一方、②の債務者の
承諾は、譲渡人・譲受人のどちらに対して行ってもかまいません。

板書 債務者に対する対抗要件

①譲渡人（旧債権者）から債務者への「通知」

譲渡人 A　　　　　　　　C 譲受人

債権譲渡

通知

「私は、あなたに
対する債権をCに
譲渡致しました」

Cからの通知は不可

債務者 B

147

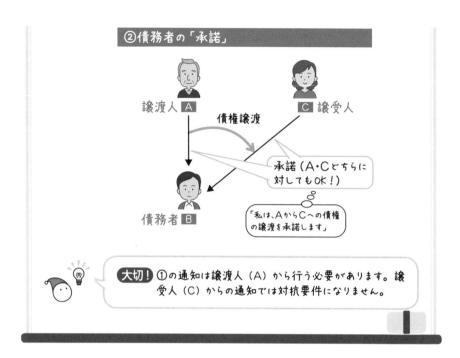

②債務者の「承諾」

譲渡人 A

債権譲渡

C 譲受人

承諾（A・Cどちらに
対してもOK！）

債務者 B

「私は、AからCへの債権
の譲渡を承諾します」

大切！ ①の通知は譲渡人（A）から行う必要があります。譲受人（C）からの通知では対抗要件になりません。

2 第三者に対する対抗要件

　債務者以外の第三者に対抗するためには、**確定日付のある証書による通知・承諾**を行う必要があります。

　第三者に対する対抗要件が必要とされるのは、債権が二重に譲渡されたような場合です。

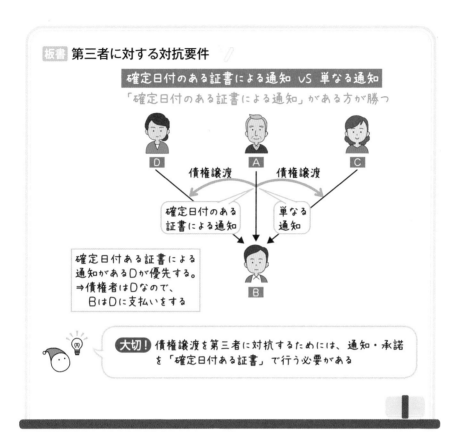

板書 第三者に対する対抗要件

確定日付のある証書による通知 VS 単なる通知

「確定日付のある証書による通知」がある方が勝つ

D ← 債権譲渡 → A ← 債権譲渡 → C

確定日付のある証書による通知

単なる通知

B

確定日付ある証書による通知があるDが優先する。
⇒債権者はDなので、BはDに支払いをする

大切! 債権譲渡を第三者に対抗するためには、通知・承諾を「確定日付ある証書」で行う必要がある

　なお、双方ともに確定日付のある証書による通知がされた場合の優劣は、**債務者への到達の先後**で決まります。

多数当事者の債権債務関係

1 連帯債務

1 分割債権債務の原則

　債務者（もしくは債権者）が複数いる場合、各債務者（各債権者）は分割された債務（債権）を負うことになるのが原則です（**分割債権債務の原則**）。

　たとえば、A、B、Cの3人がXさんから共同で600万円のお金を借りたとします。特別の取決め（特約）がない限り、A、B、Cはそれぞれ3分の1（200万円）ずつの債務を負うことになります。

　しかし、そうすると、A、Bが弁済能力を失った場合、たとえCが十分な財産を持っていたとしても、Cからは200万円しか返してもらえず、A、Bの負っていた400万円の債務は貸し倒れになってしまいます。

　そこで連帯の特約が付されて「連帯債務」にすることが多くあります。

2 連帯債務とは?

❶　連帯債務とは

　連帯債務とは、**複数の債務者が各自、全部の弁済をする責任を負うという債務**です。もちろん1人が弁済すれば、他の債務者はもはや弁済しなくてよいことになります。

> 民法では分割債務になるのが原則ですから、連帯債務とするためには、当事者間でその旨の特約をしておく必要があります。

❷　債権者と連帯債務者の関係

　連帯債務の債権者は、**連帯債務者の1人に全額の支払を請求**することもできますし、同時もしくは順次にすべての連帯債務者に対して全額の支払を請求することもできます（436条）。

たとえば、上の**1**のケースを連帯債務に替えて考えてみます。A、B、Cの3人がXさんから連帯の特約を付けて600万円のお金を借りたとします。

この場合、A、B、Cはそれぞれ600万円全額の債務を負っています。

したがって、債権者としてはA1人に全額の支払を求めてもいいし、同時にA、B、Cの3人それぞれに全額の支払請求をしてもかまいません。

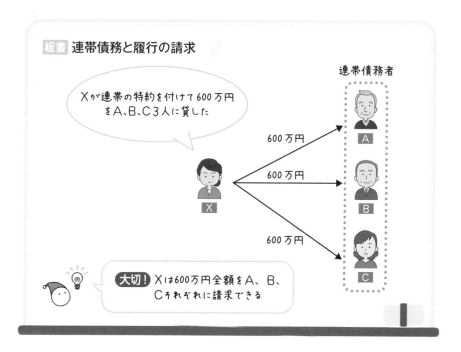

板書 連帯債務と履行の請求

連帯債務者

Xが連帯の特約を付けて600万円をA、B、C3人に貸した

600万円 → A

600万円 → B

600万円 → C

大切！ Xは600万円全額をA、B、Cそれぞれに請求できる

ただし、600万円×3人＝1800万円を受け取れるわけではありません。あくまでもXが受け取れるのは合計で600万円です。

❸ 連帯債務者内部の関係

連帯債務では、各連帯債務者が最終的に負担すべき部分（割合）があります。これを負担部分と呼びます。

負担部分は、連帯債務者の間の協議で決まりますが、特別な取決めがなければ、均等となります。

　連帯債務者の一人が全額を債権者に弁済した場合、連帯債務は消滅します。

　そして、全額を弁済した連帯債務者は、各連帯債務者の負担部分に応じて、他の連帯債務者に支払いを求めることができます。

 このように「あなたの代わりに払ったので肩代わりした分を返してください」と求めることを「求償」と呼び、このような求償ができる権利のことを「求償権」と呼びます。

　では、債権者Xから請求を受けたAが600万円全額をXに支払った場合について具体的に考えてみましょう。

　AのXに対する弁済により、Xの債権（A・B・Cにとっての連帯債務）は消滅します。

　そして、Aは、BとCにその負担部分（各200万円）について、求償権を行使して、支払いを求めることができます。

板書 **弁済と求償権**

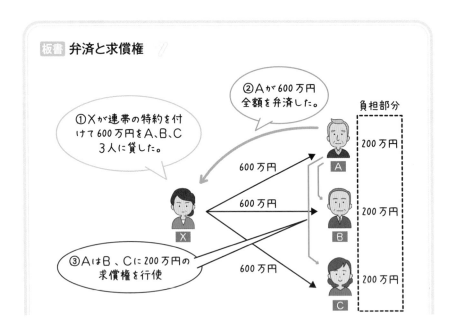

①Xが連帯の特約を付けて600万円をA、B、C3人に貸した。

②Aが600万円全額を弁済した。

③AはB、Cに200万円の求償権を行使

負担部分

600万円

600万円

600万円

A　200万円
B　200万円
C　200万円

大切！ AはB、Cに対して、それぞれ200万円を求償できる

2 保証

1 保証債務とは？

　債務者が債務を履行しない場合に、**債務者に代わって、保証人が履行の責任を負う債務**を、**保証債務**といいます（446条1項）。

 保証人とは、債務者が債務を履行できない場合に肩代わりして弁済をする人です。

　たとえば、A（主たる債務者）がB（債権者）から100万円を借りる際にCが保証人となったとします。AがBに対する弁済をしなかった場合、Cが100万円をBに弁済しなければならない責任を負います。

　このように、主たる債務者に代わって債務を肩代わりして履行する責任が保証人の責任（保証債務）です。

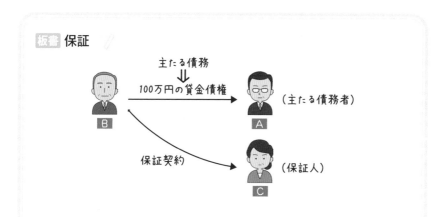

板書 保証

主たる債務
⇩
100万円の貸金債権

B

（主たる債務者）
A

保証契約

（保証人）
C

大切！ Aが債務を弁済できない場合には、保証人Cが代わって弁済することになります

2 保証債務の成立

　保証債務は、保証人と債権者との間の保証契約によって成立します。

　保証契約は保証人に重い責任を生じさせますので、安易な保証契約をさせないようにするために、保証契約は**書面**（もしくは電磁的記録）でしなければ効力を生じないことになっています（446条2項）。

　また、保証人は、主たる債務の元本だけでなく、そこから生じる利息、違約金、損害賠償など主たる債務から生ずるすべてのものを弁済しなければなりません（447条1項）。

3 保証債務の性質

　保証債務には、①**付従性**、②**随伴性**、③**補充性**とよばれる性質があります。

❶ 付従性

　付従性とは、主たる債務が成立しなければ保証債務も成立しないし、主たる債務が消滅すれば保証債務も消滅するという性質です。

たとえば、主たる債務が無効ということになれば、保証債務も発生しなかったことになりますし、主たる債務が弁済によって消滅すれば、自動的に保証債務も消滅します。

❷ 随伴性

　随伴性とは、主たる債務に対応する債権が移転すると、保証債務もそれに伴って移転するという性質です。

　主たる債務の債権者が、債権譲渡によって他の者にかわると、それに随伴して保証人は新しい債権者に対して保証債務を負うことになります。

この「付従性」と「随伴性」は、担保物権の通有性にあったものと同じです。

❸ 補充性

補充性とは、保証人は主たる債務者がその債務を履行しない場合にはじめて履行すればよいという性質をいいます。

この補充性の表れとして、保証人には①**催告の抗弁権**、②**検索の抗弁権**という2つの抗弁権が認められています。

① 催告の抗弁権

債権者が保証人に債務の履行を請求した場合に、保証人が、まず主たる債務者に催告をすべき旨を請求することができる権利です（452条）。

② 検索の抗弁権

債権者が主たる債務者に催告をした後であっても、保証人が、主たる債務者に弁済をする資力があり、かつ、執行が容易であることを証明したときは、債権者は、まず主たる債務者の財産について執行をしなければなりません（453条）。これを「検索の抗弁権」といいます。

❹ 分別の利益

保証人が複数いる場合、頭割りで分割した額しか保証債務を負わないことを**分別の利益**といいます。

3　連帯保証

連帯保証とは、保証人が主たる債務者と連帯して債務を負担する旨の合意をした保証のことであり、この場合の保証人を特に「連帯保証人」といいます。

つまり、保証契約に連帯する旨の特約がついた場合に、それを「連帯保証」といいます。連帯保証契約も保証契約の一種であることに変わりはありませんので、基本的な性格は保証契約の場合と同様です。

　単なる保証と連帯保証の違いは、連帯保証には**補充性がないこと**です。そのため、連帯保証人には**催告の抗弁権・検索の抗弁権が認められていません**。

　さらに、**分別の利益もありません**。したがって、連帯保証人は、複数いたとしても債務の全額について責任を負うことになります。

CHAPTER 4　債権総論　過去問チェック！

問1　Section1 3

債務の履行について確定期限があるときは、債務者は、その期限の到来した時から遅滞の責任を負うが、債務の履行について期限を定めなかったときは、履行の請求を受けたとしても、遅滞の責任を負うことはない。(特別区 I 類2015)

問2　Section2 2

最高裁判所の判例では、債務者がすでに自ら権利を行使している場合であっても、その行使の方法又は結果が債権者にとって不利益になる場合には、債権者は代位権を行使することができるとした。(特別区 I 類2013)

問3　Section2 2

最高裁判所の判例では、債権者が債務者に対する金銭債権に基づいて債務者の第三債務者に対する金銭債権を代位行使する場合においては、債権者は自己の債権額の範囲においてのみ債務者の債権を行使しうるとした。(特別区 I 類2013)

問4　Section2 2 3

債権者代位権は、裁判外であっても行使することができるが、詐害行為取消権は、必ず裁判上で行使しなければならない。(特別区 I 類2017)

問5　Section3 2

債務の弁済は、第三者もすることができるため、弁済をすることに法律上の利害関係を有しない第三者も、債務者の意思に反して弁済をすることができるが、その債務の性質が第三者の弁済を許さないときはできない。(特別区 I 類2016)

問6　Section3 3

相殺が有効になされるためには、相対立する債権の弁済期において、受働債権は常に弁済期に達していなければならないが、自働債権については必ずしも弁済期にあることを必要としない。(特別区 I 類2015)

CH 4
債権総論

問7 Section3 **3**

意思表示による相殺の効力発生時期は、当事者の一方から相手方に対して、実際に相殺の意思表示をした時期であり、双方の債務が互いに相殺に適するようになった時にさかのぼって相殺の効力を生じることはない。(特別区Ⅰ類2015)

問8 Section4 **2**

債権が二重に譲渡され、それぞれについて確定日付のある証書による通知がなされた場合、譲受人相互の間の優劣は、通知に付された確定日付の先後によって定めるべきではなく、通知が債務者に到達した日時の先後によって決すべきである。

(特別区Ⅰ類2012)

問9 Section5 **1**

数人が連帯債務を負担するとき、債権者は、その連帯債務者の1人に対し、全部又は一部の履行を請求することができるが、同時にすべての連帯債務者に対し、全部又は一部の履行を請求することはできない。(特別区Ⅰ類2019)

問10 Section5 **2**

保証債務は、保証人と主たる債務者との間の保証契約によって成立し、保証人は、主たる債務者がその債務を履行しないときに、その履行をする責任を負うが、保証契約は、書面（もしくは電磁的記録）でしなければ、その効力を生じない。(特別区Ⅰ類2017)

解答

問1 ×　前半は正しいが、後半は誤っている。債務の履行について期限を定めなかったときは、債務者は、履行の請求を受けた時から遅滞の責任を負う。

問2 ×　債務者がすでに自ら権利を行使している場合には、その行使の方法又は結果の良いと否とにかかわらず、債権者は債権者代位権を行使することはできない。

問3 ○　債権者が債務者に対する金銭債権に基づいて債務者の第三債務者に対して有する金銭債権を代位行使する場合においては、債権者は自己の債権額の範囲においてのみ債務者の債権を行使しうる。

問4 ○　債権者代位権は、裁判外でも行使できるが、詐害行為取消権は、必ず裁判上で行使しなければならない（424条1項）。

問5 ×　利害関係を有しない第三者の債務者の意思に反する弁済は禁止される（474条2項）。

問6 ×　自働債権と受働債権が逆である。

問7 ×　相殺の効力は、双方の債務が互いに相殺に適するようになった時（相殺適状時）にさかのぼって生ずる。

問8 ○　確定日付の先後ではなく、確定日付のある証書による通知が債務者に到達した日時の先後によって優劣を決すべきである（判例）。

問9 ×　連帯債務の債権者は、その連帯債務者の1人に対し全額の支払いを求めることも、同時に若しくは順次に全ての連帯債務者に対し、全部又は一部の請求をすることができる（436条）。

問10 ×　保証契約は、保証人と「債権者」との間の契約により成立する。また保証契約を書面（もしくは電磁的記録）で行う必要がある。

CHAPTER 5

債権各論

債権各論では、契約・不法行為・不当利得という債権の発生原因となる類型を学習していきます。契約の中で重要なのは、売買契約と賃貸借契約です。不法行為も頻出度が高いテーマです。

Section 1

契約総論

1　契約とは

債権・債務関係が生じるきっかけとして典型的なものが「契約」です。
契約は、申込みと承諾という**意思表示の合致**により成立します。

2　契約の分類

1　諾成契約と要物契約

諾成契約とは、当事者の意思表示の合致だけで成立する契約をいいます。
要物契約とは、当事者の意思表示の合致のほかに、物の引渡し等の給付をすることを成立要件とする契約をいいます。

2　双務契約と片務契約

双務契約とは、契約の当事者が互いに対価的な債務を負っている契約をいいます。

双務契約には、同時履行の抗弁権、危険負担の規定が適用されます。

片務契約とは、一方の当事者のみが債務を負うなど互いに対価的債務を負わない契約をいいます。

3　有償契約と無償契約

有償契約とは、契約当事者が互いに対価的給付を行う契約をいいます。
無償契約とは、契約当事者が互いに対価的給付を行わない契約をいいます。

基本的には、双務契約＝有償契約と覚えてOKです。

3 同時履行の抗弁権

　双務契約（売買契約、賃貸借契約、請負契約等）の当事者の一方は、相手方が
その債務の履行を提供するまでは、自己の債務の履行を拒むことができます
（533条）。これを同時履行の抗弁権といいます。

　たとえば、「AがBに200万円で車を売却する契約」が締結され、BがA
に対して代金の支払をしないまま、車の引渡しを請求してきた場合（双方の
債務ともに弁済期は到来している）、AはBに対して「代金の支払をしてくれる
までは車は引き渡しません！」という主張することができます。これは、双
務契約における当事者間の公平を図るために認められているものです。

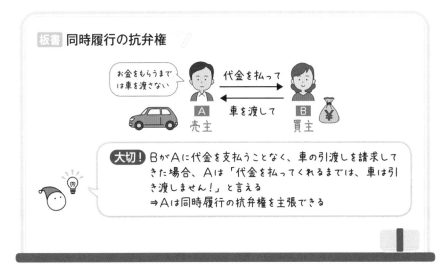

板書 同時履行の抗弁権

お金をもらうまでは車を渡さない

代金を払って
車を渡して

A 売主
B 買主

大切！ BがAに代金を支払うことなく、車の引渡しを請求して
きた場合、Aは「代金を払ってくれるまでは、車は引
き渡しません！」と言える
⇒Aは同時履行の抗弁権を主張できる

契約各論

1 売買契約

1 売主の義務と買主の義務

売買契約が成立すると、売主には買主に対して売買の**目的物を移転する義務**、買主は売主に対して**代金を支払う義務**を負うことになります (555条)。

さらに、売主には、買主に対して登記等の売買の目的物の権利を移転するために必要な**対抗要件を備えさせる義務**が課されています (560条)。

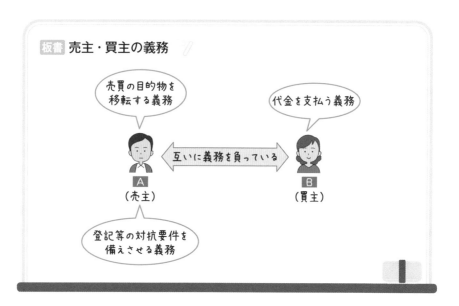

板書 売主・買主の義務

- 売買の目的物を移転する義務
- 代金を支払う義務
- 互いに義務を負っている
- Ａ (売主)
- Ｂ (買主)
- 登記等の対抗要件を備えさせる義務

2 手付

❶ 手付とは

売買契約に付随して「手付」と呼ばれる金銭をやりとりする場合があります。

手付とは、売買契約を結んだ際にその保証として買主が売主に交付する金銭を指します。

例えば、5000万円の土地の売買契約が成立した際、代金の支払いは1カ月後とする一方で、契約成立日に代金の10%にあたる500万円を買主が売主に（代金の一部前払いとしてではなく）渡すような場合です。

> 手付は、無事に契約が履行されれば返還するのが前提ですが、実務的には代金支払日に代金の一部に充当する形が取られることが多いです。

手付には、性質が異なるいくつかの種類がありますが、どの手付にも備わっているのが、契約が成立したことの証拠とするための手付（証約手付）としての性質です。

さらに、**解約手付**としての性質を有するものと推定されます。

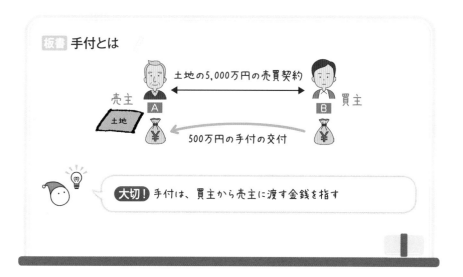

板書 手付とは

売主 A ← 土地の5,000万円の売買契約 → 買主 B

土地

500万円の手付の交付

大切！ 手付は、買主から売主に渡す金銭を指す

❷ 解約手付

解約手付とは、解約する権利を留保するためにやりとりする手付です。

手付が解約手付として買主から売主に交付されると、買主は、売主が履行に着手するまでの間、**手付を放棄して自由に解除**することができます。

なお、売主の方も、買主が履行に着手するまでは、受け取った手付の倍額を支払うことで自由に解除することができます。まずは買主が解除する場合を理解していきましょう。

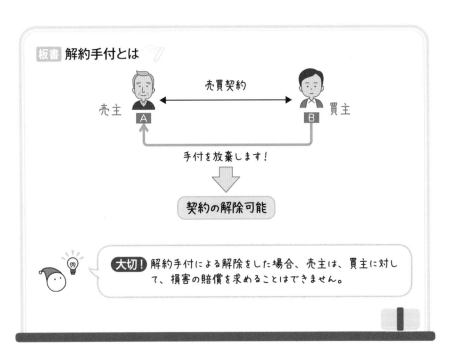

板書 解約手付とは

売買契約

売主 A ←→ B 買主

手付を放棄します!

↓

契約の解除可能

大切! 解約手付による解除をした場合、売主は、買主に対して、損害の賠償を求めることはできません。

3 契約不適合責任

　売買契約の目的物に何らかの欠陥等があった場合（不良品であった、数量が不足していた等）、買主は売主に契約内容どおりにきちんと履行するよう求めることができます。

　例えば、引き渡された物が不良品であった場合、代わりの物を引き渡すように求めたり、修理することを求めたりすることができます。これを売主の**契約不適合責任**と呼びます。

買主は、売主に欠陥が生じたことについて責任がない場合でも、契約不適合責任を追及することができます。契約内容どおりの履行を求めることは、買主の当然の権利だからです。

2 賃貸借契約

1 賃貸借契約とは？

「賃貸借契約」とは、当事者の一方（賃貸人）がある物の使用及び収益を相手方にさせることを約束し、相手方（賃借人）がこれに対してその賃料を支払うことおよび引渡しを受けた物を契約が終了したときに返還することを約束する契約（双務・有償・諾成契約）です（601条）。

賃貸借契約は双務契約ですから、契約の両当事者それぞれに義務（一方にとっては権利）が発生します。

中心的な義務は、賃貸人が目的物を**使用収益をさせる義務**（賃借人にとっては使用収益権）と賃借人の**賃料支払義務**（賃貸人にとっては賃料請求権）です。

板書 賃貸借契約の基本形

賃貸人 A

賃料を払って →
← 建物を使用させて

B 賃借人

2 賃貸人・賃借人の義務

賃貸人の義務	賃借人の義務
①目的物の使用収益をさせる義務 ②目的物の修繕義務 ③費用償還義務（必要費・有益費）	①賃料を支払う義務 ②用法遵守義務 ③善管注意義務 ④返還義務

なお、**敷金**（賃料債務等を担保するために賃借人から賃貸人に交付される金銭）が交付されている場合、賃貸人は、賃貸借契約が終了し、**明渡しがされた後**に、延滞賃料や損害賠償債務を差し引いた**残額を賃借人に返還する義務**を負います（622条の2）。

3　請負契約

　「請負契約」とは、当事者の一方がある仕事を完成することを約束し、相手方がその仕事の結果に対して報酬を支払うことを約束することによって成立する契約（双務・有償・諾成契約）です（632条）。

　例えば、大工さんに建物の建築を依頼する場合に結ばれる契約です。

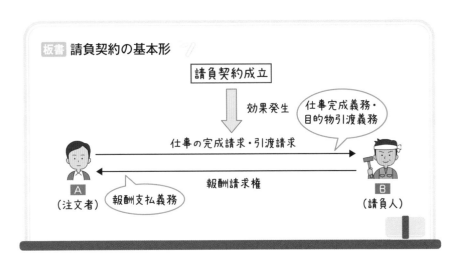

板書 請負契約の基本形

請負契約成立

効果発生　　仕事完成義務・目的物引渡義務

仕事の完成請求・引渡請求

報酬請求権

Ａ（注文者）　報酬支払義務　　　Ｂ（請負人）

　請負人には、依頼された**仕事の完成義務**、（目的物の引渡しが必要な場合は）目的物の引渡義務が生じます。一方、注文者には、**報酬の支払義務**が生じます。

4 委任契約

「委任契約」とは、当事者の一方が法律行為をすることを相手方に委託し、相手方がこれを承諾することによって成立する契約（諾成契約）です。

例えば、弁護士さんに訴訟や示談交渉を依頼する場合に結ばれる契約です。

当然に報酬支払義務が発生するわけではなく報酬の特約があって報酬支払義務が生じます。したがって、特約がなければ片務・無償契約、報酬支払の特約があれば双務・有償契約となります。

Section 3 不法行為

1 不法行為とは?

　これまで見てきたような契約に基づかずに、債権・債務関係が発生する場合があります。

　たとえば、Aが脇見運転をしていて歩行者のBをはね、Bが怪我をしてしまった場合、被害者Bは加害者Aに対して入院費等の損害の賠償を請求できます。この根拠になる規定が**不法行為**制度です。

　この制度の趣旨は、①被害者の救済を図ること、②損害の公平な分担を図ること、③将来的に不法行為の抑止を図っていくこと、にあるとされています。

　不法行為の制度は、**一般的不法行為**と**特殊的不法行為**に分けられます。

2 一般的不法行為

1 一般的不法行為とは

　一般的不法行為は、**加害者の故意または過失による行為を原因として被害者に損害が生じた場合に、加害者自らが損害賠償責任を負う**ものです。

　先ほどの交通事故の事例は、この規定を根拠に被害者が加害者に損害賠償請求をすることになります。

2 一般的不法行為の要件

　損害賠償請求が認められるためには、次の要件を満たす必要があります。

【一般的不法行為の要件】

① 加害者に故意または過失があること

② 加害者に責任能力があること

③ 権利または法律上保護された利益の侵害があること

④ 損害が発生すること

⑤ 行為と損害との間に因果関係があること

⑥ 加害行為が違法なものであること

❶ 要件①「加害者に故意または過失があること」

不法行為責任が成立するためには、**加害者に故意または過失**があることが必要です。

> つまり、加害者が無過失の場合は責任を負いません。これを過失責任の原則といいます。

❷ 要件②「加害者に責任能力があること」

責任能力とは、**自分の行為が法律上の責任を生ずることを認識できるだけの精神能力**のことを指します。

この責任能力が欠ける場合、加害者に不法行為責任は生じません。

> 不法行為の時に加害者に注意できる能力がなければ、不注意であったと責めることができないからです。

責任能力の有無は、事例ごとに個別に判定されますが、未成年者の場合、だいたい12歳前後の能力とされています。また、精神病の人や泥酔者など精神上の障害により責任能力が欠けると判断される場合もあります。

❸ 要件④「損害が発生すること」

「損害」には、財産的なものだけでなく、精神的苦痛を金銭に見積もったもの（精神的損害）も含まれます。

この精神的苦痛に対する損害賠償のことを慰謝料請求と呼びます。

3 特殊的不法行為

1 監督義務者の責任

　直接の加害者が責任能力のない者であるため損害賠償責任を負わない場合に、その者を監督すべき法定の義務を負う者（監督義務者）に生じる責任です。

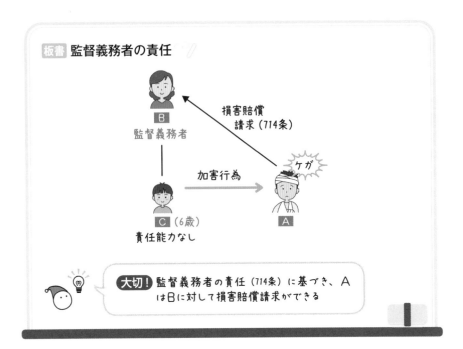

板書 監督義務者の責任

B
監督義務者

損害賠償
請求（714条）

C（6歳）
責任能力なし

加害行為

ケガ

A

大切！ 監督義務者の責任（714条）に基づき、A
はBに対して損害賠償請求ができる

2 使用者責任

　人を雇って事業を行っている者（もしくはこの者に代わって事業を監督する者）は、雇っている者が事業の執行について起こした損害の賠償責任を負います。

これが「使用者責任」といわれる雇主・会社側に生じる責任（715条）です。

なお、このとき、雇われている者を「被用者」、雇っている者を「使用者」といいます。

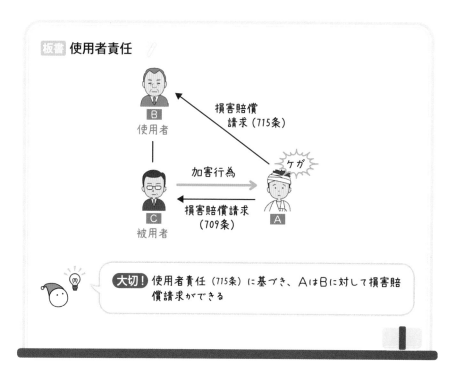

板書 使用者責任

B
使用者

C
被用者

損害賠償
請求（715条）

加害行為

ケガ

損害賠償請求
（709条）

A

大切！ 使用者責任（715条）に基づき、AはBに対して損害賠償請求ができる

Section 4 不当利得

1 不当利得とは

　法律上の原因がないのに他人の財産または労務によって利益を受け、そのために他人に損失を及ぼした者（受益者）は、その利得を返還する義務を負います（703・704条）。

　たとえば、AがBの銀行口座に間違って振込みをしてしまった場合、Bの財産が100万円増えた形になります。これは法律上の原因のない利得なので「不当利得」です。したがって、AはBに対して、「不当利得に基づく返還請求権」を行使して、100万円の返還を求めることができます。

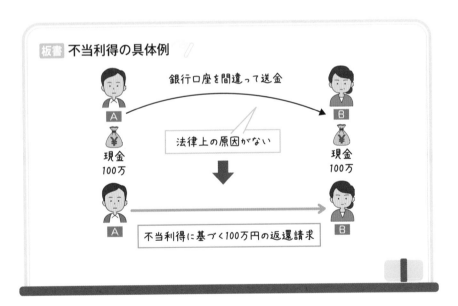

板書 不当利得の具体例

銀行口座を間違って送金

法律上の原因がない

現金 100万

不当利得に基づく100万円の返還請求

2 不当利得の要件

不当利得が認められるためには、次の要件を満たす必要があります。

【不当利得の要件】

① 他人の財産または労務によって利益を受けたこと（受益）。

② 他人に損失が生じていること（損失）。

③ 受益と損失の間に因果関係があること。

④ 法律上の原因がないこと。

不当利得が成立すると、受益者は不当利得として受け取った利益などを返還する義務を負います。その返還の範囲は次のようになります。

【不当利得の返還の範囲（効果）】

受益者	返還義務
善意	現に利益を受けている限度（現存する利益）
悪意	受け取った利益＋利息＋（損害がある場合）損害賠償
制限行為能力者	現に利益を受けている限度（現存する利益）

問1　Section2 ①

売買契約において、買主が売主に手付を交付した場合、その交付にあたって当事者が手付の趣旨を明らかにしていなかったときは、交付された手付は、違約手付と推定される。（国家一般職2022）

問2　Section2 ②

家屋の賃貸借契約が終了しても、賃借人は、特別の約定のないかぎり、敷金が返還されるまでは家屋の明渡しを拒むことができる。（国家専門職2017）

問3　Section2 ③

請負は、当事者の一方がある仕事を完成することを約し、相手方がその仕事の結果に対してその報酬を支払うことを約することによって、その効力を生ずる有償、双務及び諾成契約である。（特別区Ⅰ類2019）

問4　Section3 ②

未成年者は、他人に損害を加えた場合において、自己の行為の責任を弁識するに足りる知能を備えていなかったとしても、その行為について賠償の責任を負う。

（裁判所2021）

解答

問1　×　違約手付ではなく、解約手付と推定される。

問2　×　明渡しを先に行わなければならず、敷金が返還されるまで明渡しを拒むことはできない。

問3　○　請負契約は、有償、双務、諾成契約。

問4　×　未成年者が自己の行為の責任を弁識するに足りる知能（＝責任能力）を備えていなかった場合、不法行為に基づく損害賠償責任は負わない。

CHAPTER **6**

親族・相続

ここでは「家族」に関するルールを学習していきます。「親族」では夫婦や親子に関するルールを学習しますが、特に試験的に重要なのは「夫婦」です。「相続」では亡くなった方の財産の承継（法定相続）についてのルールを学習していきます。

Section 1

親族

1 夫婦関係

1 婚姻

　婚姻とは、法的な承認のもとで男女が夫婦になること（つまり結婚すること）及び結婚している状態のことを指します。

　婚姻には届出（婚姻届の提出）が必要です（739条）。また、**婚姻意思の合致**も婚姻の要件になります。

　これらが欠けた場合、婚姻は無効となります。

この場合の「婚姻意思」とは、届出をする意思だけでなく、実質的な夫婦関係を設定する意思（実質的婚姻意思）が必要とされています。いわゆる在留資格を得るために行われる偽装結婚は無効ということですね。離婚意思については届出意思（形式的意思）だけでOKとされているので注意しましょう。

　さらに、婚姻には取消しの対象になる要件（婚姻障害）もあります。

　例えば、婚姻ができるのは、**男女共に、18歳以上**である必要があるので、18歳未満の者が婚姻した場合、婚姻の取消原因になります。

満たされていなければ婚姻届は受理されないはずなので、取消しという話になるのは、間違って受理されてしまった場合ということになります。

2 離婚

　離婚とは、婚姻関係を解消すること、つまり夫婦ではなくなることを指します。

　夫婦は、協議によって離婚できます（協議離婚：763条）。離婚意思の合致と届出によって効力を生じます。

　法定の原因がある場合には、夫婦の一方は離婚の訴えを提起することがで

きます（770条1項）。その場合は、判決の確定によって効力を生じます（裁判離婚）。

　法定の離婚事由は、①不貞行為、②悪意の遺棄、③3年以上の生死不明、④回復の見込みがない強度の精神病、⑤その他婚姻を継続し難い重大な事由などがあることです。

2 親子関係

1 実子

❶ 実子の種類

　実子には、**嫡出子**と**非嫡出子**の区別があります。

　嫡出子とは、婚姻関係にある男女間に生まれた子です。一方、**非嫡出子**とは、婚姻関係のない男女間に生まれた子です。

❷ 嫡出推定

　妻が婚姻中に懐胎した子及び婚姻成立後に出生した子は、夫の子と推定されます。しかし、いつ懐胎したのかという判断は難しいので、さらに推定規定が置かれています。

　婚姻成立時より**200日**を経過した後、または婚姻の解消・取消しの日から**300日**以内に生まれた子は、原則として、婚姻中に懐胎したものと推定されます。

❸ 認知

　子が非嫡出子の場合、父との間に法律上の親子関係を発生させるためには**認知**が必要です（779条）。

　認知は、戸籍法の定めるところにより、**届け出**ることによってすることができます。また、**遺言**によって行うこともできます（781条）。

2 養子

養子制度には**普通養子**と**特別養子**の2つの制度があります。

普通養子の場合、養子縁組の意思の合致と届出が必要であり、これらが欠けている場合、縁組は無効です（802条）。

普通養子は、養親が20歳以上であること（792条）や養子が養親の尊属（自分より上の世代の親族）または年長者でないこと（793条）などの要件は満たさなければなりませんが、養子となる者の年齢等の制約はなく、様々な目的で養子縁組をすることができます。

一方、**特別養子**は、小さな子供を養子にして自分の子供として育てていくための制度です。したがって、養親には夫婦でなる必要があります。また、養子であることを、戸籍を見ただけでは分からない仕組みが導入されています。

Section 2 相続

1 相続

1 相続とは

人が亡くなった場合、その財産は遺族が承継することになります。これを**相続**といいます。死亡した人を**被相続人**、相続する人を**相続人**といいます。

2 相続人と法定相続分

被相続人（死亡した人）**の配偶者は常に相続人**（相続する人）になります（890条）。

配偶者を除く相続人（血族相続人）は、①**子**、②**直系尊属**、③**兄弟姉妹**の順で相続人になります（887条1項、889条1項）。

> 直系尊属とは、自分の父母、祖父母など自分より上の世代の直系親族のことです。

先順位の者がいる場合には、後順位の者は相続人にはなれません。

したがって、子がいれば、父、母などの直系尊属・兄弟姉妹は相続人にはなれません。

配偶者と子が相続する場合、その法定相続分は各2分の1ずつになります。

> 同順位に複数いる場合は、原則として均等相続になります。

よくある基本的なケースで考えてみましょう。

Aが1億円の相続財産を残して亡くなりました。Aの家族は、配偶者BとBとの子CとDであり、Aの両親はすでに亡くなっていますが、Aの兄Eが

いるというケースです。

それぞれの相続分はいくらになるでしょう？

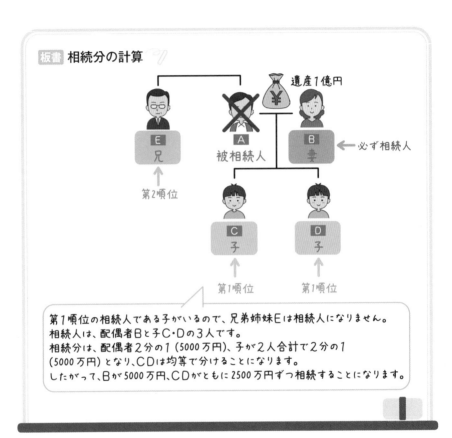

板書 相続分の計算

遺産1億円

E 兄 ← 第2順位

A 被相続人

B 妻 ← 必ず相続人

C 子 ← 第1順位

D 子 ← 第1順位

第1順位の相続人である子がいるので、兄弟姉妹Eは相続人になりません。
相続人は、配偶者Bと子C・Dの3人です。
相続分は、配偶者2分の1（5000万円）、子が2人合計で2分の1
（5000万円）となり、CDは均等で分けることになります。
したがって、Bが5000万円、CDがともに2500万円ずつ相続することになります。

3 相続資格の喪失

❶ 相続欠格（けっかく）（891条）

（a）故意に被相続人や相続について先順位・同順位にある者を死亡する
に至らせ、また至らせようとしたため刑に処せられた相続人や（b）遺言書
を偽造（ぎぞう）、変造（へんぞう）、破棄（はき）、隠匿（いんとく）した相続人などの相続権を失わせる制度です。

❷ 推定相続人の廃除（892条～895条）

遺留分を有する推定相続人（相続が開始した場合に相続人になるべき者）が、被相続人に虐待または重大な侮辱を加えたときや推定相続人に著しい非行があったときに、被相続人はその相続人の廃除を家庭裁判所に請求することができます（892条）。

4 代襲相続

代襲相続とは、相続開始以前に、相続人である子（または兄弟姉妹）が**死亡、欠格、廃除**によって相続権を失っている場合に、その**相続人の子**（あるいは孫）が代わりに相続する制度です（887条2項、889条2項）。

代襲原因は死亡、欠格、廃除の3つに限定されています。相続放棄の場合は、代襲相続は認められませんので注意しましょう。

代襲相続人は、被代襲者（死亡した者、欠格事由に該当した者、廃除された者）の相続分を受け取ることになるので、代襲相続人となる者が複数いる場合には、法定相続の規定（900条）に従って相続分が定まることになります。

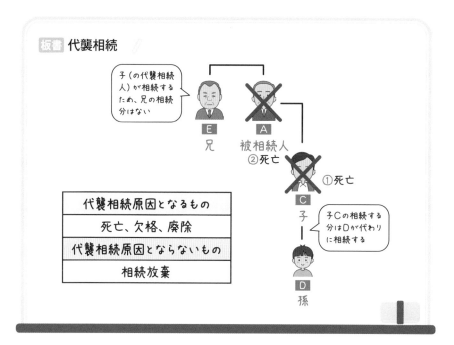

板書 代襲相続

子（の代襲相続人）が相続するため、兄の相続分はない

E 兄

A 被相続人 ②死亡

①死亡

C 子

子Cの相続する分はDが代わりに相続する

D 孫

代襲相続原因となるもの
死亡、欠格、廃除
代襲相続原因とならないもの
相続放棄

5 相続の承認・放棄

❶ 単純承認

　相続するか否かは強制ではありませんので、相続しない（＝放棄）という選択も可能です。選択肢としては、**単純承認、限定承認、放棄**の3種類があります。

　「単純承認」とは、相続開始による包括承継の効果をそのまま確定させる行為です。相続人が単純承認をすると、相続人は被相続人の権利義務を無限に承継することになります。

　相続人が自己のために**相続の開始があったことを知った時から3カ月以内**（熟慮期間内）に限定承認または相続の放棄をしなかったときは単純承認をしたものと扱われます。

> したがって、放棄や限定承認をしたい場合は、その期間内にする必要があります。

❷ 限定承認（922条～937条）

　「限定承認」とは、相続人が、相続で得た財産の限度で被相続人の債務および遺贈の弁済をするという留保つきで相続の承認をすることをいいます（922条）。

　限定承認は、相続を放棄した者を除き**共同相続人全員**でしなければなりません（923条）。

　また、相続人が自己のために**相続の開始があったことを知った時から3カ月以内**（熟慮期間内）に家庭裁判所に限定承認をする旨の申述をしなければなりません（924条）。

❸ 相続の放棄（938条～940条）

　「相続の放棄」とは、相続の開始によって生じた包括承継の効果の消滅を欲する意思表示のことです。これにより相続放棄をした相続人は、**初めから相続人とならなかったものとみなされます**（939条）。

　相続人が自己のために**相続の開始があったことを知った時から3カ月以内**（熟慮期間内）に家庭裁判所に放棄をする旨の申述をしなければなりません（938条）。

2 遺言

1 遺言の方式

遺言とは、自分が死んだ後の財産の行方に関する意思を残し、遺言者の死後、それに即した法的効果を与える法技術です。

遺言の方式（普通方式）としては、①自筆証書遺言、②公正証書遺言、③秘密証書遺言の３種類があります（967条本文）。

板書 **遺言の方式**

	自筆証書遺言	公正証書遺言	秘密証書遺言
作成	遺言者が、遺言の全文、日付、氏名を自書して、押印する	遺言者が公証人に口授して、公証人が筆記する	遺言書に署名押印して封印し、公証人が日付等を記入する
証人	不要	2人以上	2人以上

2 遺言能力

15歳以上の者は単独で遺言をすることができます（961条）。

また、成年被後見人も事理を弁識する能力を一時回復した場合には、医師２人以上の立会いがあれば遺言をすることは可能です（973条1項）。

3 遺言の効力

遺言は、**遺言者が死亡した時から**効力を生じます（985条1項）。

遺言は、いつでも、遺言の方式に従って、その遺言の全部または一部を撤回することができます（1022条）。遺言者は、遺言を撤回する権利を放棄することはできません（1026条）。

民法

CH 6
親族・相続

CHAPTER 6　親族・相続　過去問チェック！

問1　Section1 ①

婚姻の成立に必要な婚姻をする意思とは、法律上の夫婦という身分関係を設定する意思で足り、当事者間に真に社会観念上夫婦であると認められる関係の設定を欲する効果意思までも要求するものではない。(国家専門職2013)

問2　Section2 ①

被相続人の子が、相続開始以前に死亡したとき、又は相続の放棄若しくは廃除によって、その相続権を失ったときは、その者の子が代襲して相続人となる。

(特別区Ⅰ類2017)

問3　Section2 ①

相続人は、自己のために相続の開始があったことを知った時から3箇月以内に、単純又は限定の承認をしなかったときは、相続を放棄したものとみなす。

(特別区Ⅰ類2017)

問4　Section2 ②

遺言者は、いつでも、遺言の方式に従って、遺言の全部又は一部を撤回することができるが、遺言を撤回する権利を放棄することはできない。(特別区Ⅰ類2018)

解答

問1 ✕　婚姻の成立には、真に社会観念上夫婦であると認められる関係の設定を欲する効果意思（実質的婚姻意思）が必要とされている。

問2 ✕　「相続の放棄」は代襲原因ではない。

問3 ✕　相続人が、自己のために相続の開始があったことを知った時から3箇月以内に、限定承認又は相続の放棄をしなかったときは、単純承認をしたものとみなされる（921条2号・915条1項本文）。

問4 ◯　遺言者は、その遺言を撤回する権利を放棄することができない（1026条）。

第3編
行政法

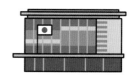

行政法・学習ガイダンス

1 出題内容と傾向

　出題数は、憲法よりも少し多く、法律系科目の中で**比較的出題数の多い科目**となっています。出題の傾向は**憲法と大変よく似ており、条文と判例（および理論＝学説知識）の暗記**を求める出題が多くされています。ただ、何が出題の中心となるかは各分野によって異なっています。

　行政法理論は学説と判例が出題され、行政手続法や行政不服審査法は条文を中心とした出題、行政事件訴訟法等は条文と判例が出題されています。また、国家賠償法はほぼ判例からの出題となってます。

2 学習のしかた

　憲法同様、判例や条文を覚えているか否かが問われるため**暗記型の学習**を求められます。

　基本的には、憲法と同じような学習スタイルで対応できます。「テキストを読み込んで知識を暗記⇒問題演習を通じて暗記しているか否かの確認」を行う、という流れで知識を定着させていきましょう。**過去問が繰り返し出題されることから過去問をきちんとマスターすること**で十分合格点は取れるようになる科目です。

3 基礎知識

1 行政法とは

　憲法や民法と異なり、「行政法」と名前のついた法律（法規範）は存在しません。「行政法」とは、特定の具体的な法律を指す名称ではなく、「行政にかかわる法律」を指す総称です。

さらに、行政権は、その対象が広範であるため積極的に定義付けすることが難しいことから、**国家権力作用の中から立法と司法を除いた作用**を指すとするのが通説となっています。

> このような“残ったものが行政権である”という考え方を控除説もしくは消極説と呼んでいます。

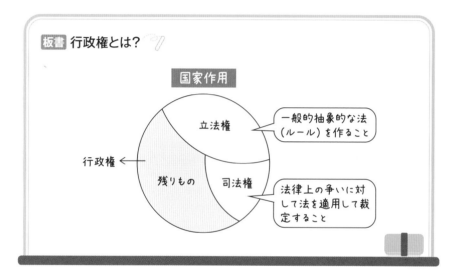

板書 行政権とは？

国家作用

立法権 ← 一般的抽象的な法（ルール）を作ること

行政権 ←

残りもの

司法権 ← 法律上の争いに対して法を適用して裁定すること

公務員試験で「行政法」という科目の中で出題されるものは、①行政法全体に共通するルールや概念を整理し、理論化した「行政法理論」といわれる分野と②行政手続法や行政事件訴訟法のような適用範囲が広い法律である「一般法的な行政法規」です。

「行政法理論」とは、学説と判例で形成されてきた行政法全体に共通するルールです。「行政法理論」では、行政法全体に共通する原理原則や用語などを学習していきます。

「一般法的な行政法規」には、行政手続法、行政事件訴訟法、行政不服審査法、国家賠償法などが含まれます。

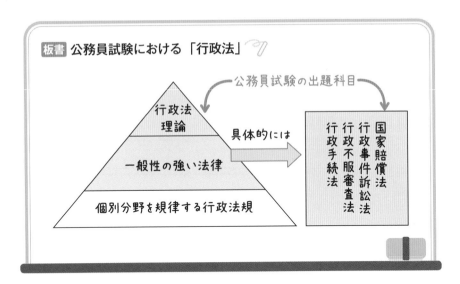

板書 公務員試験における「行政法」

公務員試験の出題科目

行政法理論

一般性の強い法律

個別分野を規律する行政法規

具体的には

行政手続法　行政不服審査法　行政事件訴訟法　国家賠償法

2 行政法の分類と全体像

　行政法は膨大な内容をもった法の体系です。そこで、その規定対象に着目して、①行政組織法、②行政作用法、③行政救済法の３つに大きく区分されます。

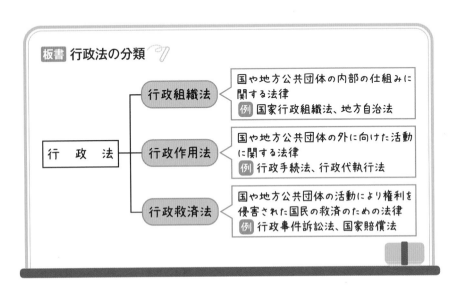

板書 行政法の分類

行政法

行政組織法 ── 国や地方公共団体の内部の仕組みに関する法律
例 国家行政組織法、地方自治法

行政作用法 ── 国や地方公共団体の外に向けた活動に関する法律
例 行政手続法、行政代執行法

行政救済法 ── 国や地方公共団体の活動により権利を侵害された国民の救済のための法律
例 行政事件訴訟法、国家賠償法

3 行政法の基本用語

❶ 行政庁

　国や各地方公共団体などの独立した法人格をもつ存在（権利義務の帰属主体）を**行政主体**といいますが、その**行政主体のために意思決定を行う存在を行政庁**といいます。

　たとえば、国や東京都、横浜市というのは、それぞれ独立した法人格をもった主体（行政主体）です。そして、国における意思決定はその権限を有する各省の大臣（財務大臣等）が、東京都における意思決定は東京都知事が行います。また、横浜市における意思決定は横浜市長が行うのが通常です。

　つまり、**各省の大臣や都道府県知事、市町村長は行政庁**ということになります。

　このように**行政庁**とは、**行政主体の意思を決定し、外部に表示する権限を有する存在**を指します。

警察庁や国税庁など○○庁とよばれる行政組織の総称ではないので、誤解しないようにして下さい。

　そして、処分をする行政庁を「処分庁」、審査をする行政庁を「審査庁」と呼んでいきます。

❷ 行政行為と行政処分

　行政行為と**行政処分**は重なり合う概念です。完全にイコールなわけではありませんが、最初は同じものというイメージで理解して構いません。

　どちらも、行政が**私人に対して一方的に行う行為**であり、私人に対して**権利や義務等の法的な効力を生じさせる行為**とされています。

❸ 取消訴訟と行政不服申立て

　取消訴訟も不服申立ても、行政処分（≒行政行為）を取消してもらうための手続です。

　取消訴訟は裁判所で判断してもらうものです。一方、**行政不服申立ては、行政の側に判断してもらう**ものです。

行政不服申立ての原則的な類型が審査請求と呼ばれる手続になります。

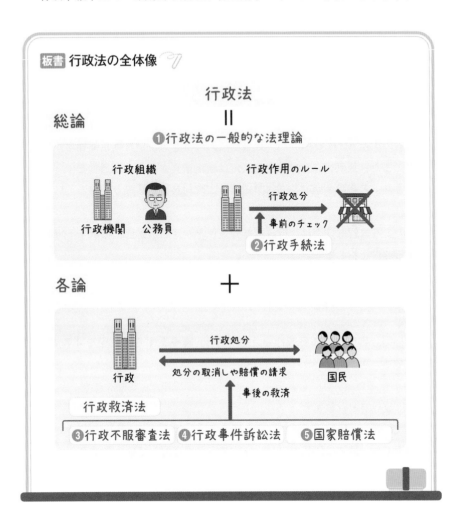

板書 行政法の全体像 7

行政法
＝

総論

❶行政法の一般的な法理論

行政組織　　　　　行政作用のルール

行政機関　公務員

行政処分

事前のチェック

❷行政手続法

各論　　　　　　　＋

行政処分

処分の取消しや賠償の請求

事後の救済

行政

国民

行政救済法

❸行政不服審査法　❹行政事件訴訟法　❺国家賠償法

CHAPTER 1

行政法理論

ここでは行政法全体に共通する原理原則、概念、用語などを学習していきます。条文はほとんど登場しませんが、耳慣れない用語がたくさんでてきます。まずは用語をきちんと整理して覚えていく必要があります。特に「行政行為」が重要です。

Section 1　行政法の基礎理論

1 行政法の法源

1 行政法の法源とは

　行政の機関で仕事をしている職員等がその活動の際の根拠にすべきルールを「行政法の法源」といいます。

　憲法や**法律**は、行政機関の職員等が当然に守らなければならないルールなので、行政法の法源の１つです。

2 様々形式で存在する行政法の法源

❶ 成文法源

　憲法や法律などのように文章化（条文化）されている法源を**成文法源**といいます。

　成文法源としては、①**憲法**、②**条約**、③**法律**、④**命令**、⑤**条例・規則**があります。

> ④命令は国の行政機関が定める法です。そこには、内閣が定める政令、省の長（大臣）が定める省令などが含まれます。⑤条例は地方公共団体の議会で制定されるもの、規則は地方公共団体の長である知事や市町村長が定めるものです。

　①憲法が最も効力が強く（最高法規）、①から⑤の順に効力が弱くなっていきます。

❷ 不文法源

　慣習法や**判例法**のように文章化（条文化）されていない法源を**不文法源**といいます。

　慣習も場合によっては法源になりえます。そのような慣習を慣習法と呼び

ます。

　判例は、裁判所（特に最高裁判所）の判断を指しますが、法源となり得ます。

　また、信義誠実の原則（信義則）などの一般的な原則も、場合によっては法源になり得ます。

「法源になり得ます」と少し歯切れの悪い言い回しになっています。それは、不文法源が当然に法源となるものではなく、その適用の仕方も一様ではないからです。

2　法律による行政の原理

1　法律による行政の原理とは？

　法律による行政の原理とは、**行政活動は法律の根拠に基づき、法律に従って行われなければならない**、という行政法全体をつらぬく大原則です。

この「法律による行政の原理」は、法治主義や法治行政といわれることもあります。

2　法律による行政の原理の趣旨

　法律による行政の原理には次の2つの趣旨があります。
①　行政権の濫用により市民の権利が不当に侵害されることを防いで、国民の自由を確保するという自由主義的な意義
②　行政権の行使に民主的なコントロールを及ぼそうという民主的責任行政の確保という意義

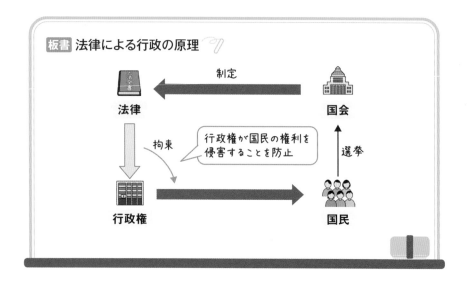

板書 法律による行政の原理

制定

法律 ← 国会

行政権が国民の権利を
侵害することを防止

拘束

選挙

行政権 → 国民

3 法律による行政の原理の具体的内容

　法律による行政の原理はとても重要ですが、その内容は抽象的です。そこで、それを具体化するものとして3つの派生的な原則があります。

　それは、①法律の優位の原則、②法律の留保（りゅうほ）の原則、③法律の法規創造力（ほうきそうぞうりょく）の原則の3つの原則です。

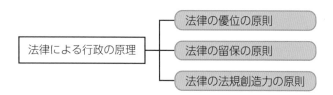

法律による行政の原理 ┬ 法律の優位の原則
　　　　　　　　　　├ 法律の留保の原則
　　　　　　　　　　└ 法律の法規創造力の原則

❶ 法律の優位の原則

　法律の優位の原則とは、**すべての行政活動は、存在する法律の定めに違反して行われてはならない**ことをいいます。

　この原則は、法律が存在することを前提として、法律の規定と行政活動が抵触（ていしょく）する場合、法律が優位することで、それに反する行政活動が違法な行政活動となることを意味しています。

　いかなる行政活動も、行政活動を制約する法律の定めに違反することは許

されないので、法の趣旨に反する命令を発したり、行政指導をしたりすることはできません。

❷ 法律の留保の原則

法律の留保の原則とは、一定の行政活動は、それを行うことを認める法律の根拠がなければ、行うことができないとする原則です。

これは、法律の存在しない領域において、そのような行政活動が実行可能かどうかを判断するための原則として働きます。

法律の根拠がないと行うことができない「一定の行政活動」が何かということについては諸説ありますが、古くからある考え方として「侵害留保説」があります。この説は、行政権が一方的に国民の権利・自由を制限したり奪ったりする場合に限って、法律の根拠が必要であるとするものです。

❸ 法律の法規創造力の原則

法律の法規創造力の原則とは、法律によってのみ個人の権利義務を左右する法規を創造することができるという原則です。

これは、国会が唯一の立法機関であることを規定する憲法41条から導き出される原則です。

この原則は、国民の権利義務に関する行政立法(命令)は、法律の授権(法律により権限を与えられること)がなければ制定することはできないということにつながっていきます。

Section 2　行政立法

1　行政立法

　行政立法とは、行政機関が定めるルール（法規範）のことです。「命令」ともいいます。不特定多数を対象とする基準設定行為で、その点で個別的行為である「行政行為」と区別されます。

　行政立法は、国民の権利義務に直接影響を与える**法規命令**<ruby>ほうき<rt></rt></ruby>と、行政内部のルールであって国民の権利義務には直接影響を与えない**行政規則**に分けられます。また、法規命令は、さらに委任命令と執行命令に分けられます。

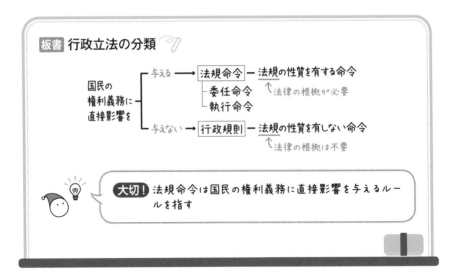

板書 **行政立法の分類**

国民の権利義務に直接影響を
- 与える → **法規命令** ― 法規の性質を有する命令
  - 委任命令
  - 執行命令
  　　↑法律の根拠が必要
- 与えない → **行政規則** ― 法規の性質を有しない命令
  　　↑法律の根拠は不要

大切！ 法規命令は国民の権利義務に直接影響を与えるルールを指す

2　法規命令

　法規命令とは、私たち**国民の権利義務に直接影響を与えるルール**です。法律の留保の原則から、**法律の根拠が必要**と解されています。

　具体的には、内閣が制定する「政令」や各省大臣の名で出される「省令」

などを指します。

　たとえば、私たちが車を運転していると信号の色によって行動がしばられますね。赤信号を無視して通行すると信号無視となり、交通違反になります。しかし、道路交通法自体には、「赤信号では通行してはいけない」とはどこにも書かれていません。赤信号では通行してはならない、と規定しているのは「道路交通法施行令」という政令です。

　したがって、私たちの行動に直接影響を与えているのは「政令」の方ということになります。このようなルールが「法規命令」であり、これは**委任命令**の例になります。委任命令を定めるためには、法律で**個別具体的に委任**することが必要とされています。

道路交通法は「信号機の表示する信号の意味その他信号機について必要な事項は、政令で定める」と政令にまかせる規定（委任する規定）を置き、その具体的な内容について道路交通法施行令という政令で規定する形をとっています。

　一方、**執行命令**とは、国民の権利義務の内容自体を規定するのではなく、その内容を実現するための手続を定める命令をいいます。

3　行政規則

　行政規則は、行政内部のルールであって国民の権利義務には直接影響を与えません。国民の権利義務に直接影響を与えないことから、**法律の根拠は必ずしも必要としない**、とされています。

　行政規則には、通達、訓令、告示といった種類があります。

Section 3　行政行為

1　行政作用

　国や地方公共団体などの行政主体が、行政目的を達成するために国民に働きかける行為を総称して「行政作用」といいます。

　その特徴から、①基準設定活動、②権力的（個別）活動、③非権力的（個別）活動の3種類に分類できます。

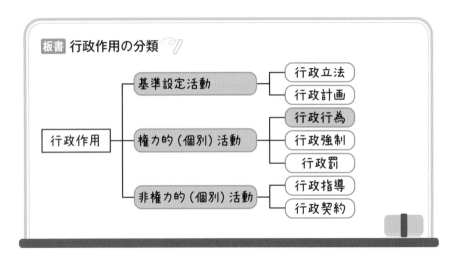

2　行政行為とは？

　行政行為とは、行政庁が、法律に基づき、一方的に働きかけることで、特定の国民の権利義務を変動させる行為をいいます。

"行政の行為"をすべて「行政行為」というわけではないので注意しましょう。「行政行為」は"行政の行為"のうちかなり限定されたものだけを指します。

【行政行為の特徴】

① 権利義務の発生という**法的効果**を有すること

② 行政内部ではなく**外部**に向けられた行為であること

③ 特定の者に向けられた**具体的行為**であること

④ 相手方の同意なく行われる一方的な行為（**権力的な行為**）であること

行政行為は①の特徴にあるように、国民の権利義務に影響を与えるものです。したがって、法律の留保の原則により必ず法律の根拠が必要とされます。

その法律によって**意思決定権限を与えられた行政機関**が「行政庁」ということになりますね。

たとえば、税務署長が、Aに対して10万円を税金として納めることを命じる課税処分を行った場合で考えてみましょう。

これは法律に基づき、行政庁たる税務署長が出すものですが、行政外部の私人であるAという特定人に向けられている具体的行為であり（②③）、Aの同意などを必要とせずになされる行為です（④）。さらに、この行為によってAには10万円を納付する法的義務が発生します（①）。

したがって、課税処分は行政行為の例の1つということになります。

行政行為の例としては、上記のような課税処分のほか、違法建築物の除却命令、営業許可申請に対する不許可処分、土地の収用処分などを覚えておくとよいでしょう。

「行政行為」というのは学問上の概念であり、実際の法令では使われていません。実際の法令では、「処分」という用語が使われています。

3 行政行為の分類

行政行為について古くからある分類法として、これをその性質から10種類程度に区分する分類があります。

法律行為的行政行為や形成的行為などの類型は理屈っぽい話になりますので、ここではあまり気にせずにさくさくと読み進めていきましょう。

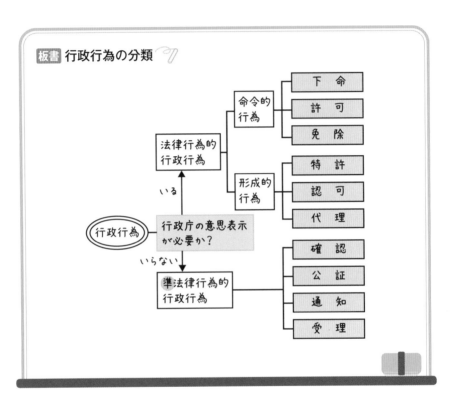

板書 行政行為の分類

- 行政行為
  - 行政庁の意思表示が必要か？
    - いる → 法律行為的行政行為
      - 命令的行為
        - 下命
        - 許可
        - 免除
      - 形成的行為
        - 特許
        - 認可
        - 代理
    - いらない → 準法律行為的行政行為
      - 確認
      - 公証
      - 通知
      - 受理

❶ 命令的行為

下命(禁止)、許可、免除が含まれます。この中で重要度が高いのは、下命(禁止)と許可です。

下命とは、国民に対して一定の行為をするように(もしくは、しないように)命じる行為です。「しないように」命じる行為を特に禁止と呼んで区別する分類もあります。

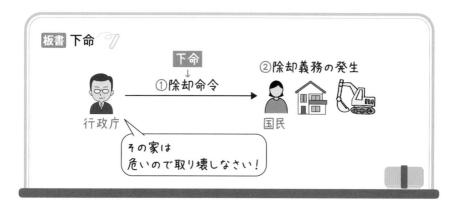

　許可とは、本来は自由であるべき行為を対象に法令等で一般的に禁止した
上で、特定の場合に解除する行為です。

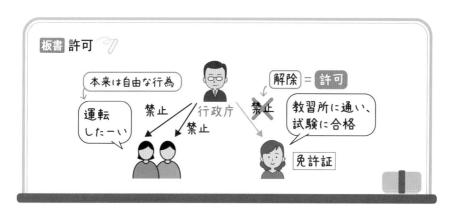

❷　形成的行為
　特許、認可、代理が含まれます。この中で重要度が高いのは、特許と認可
です。
　特許とは、特定人のために新しく権利を設定したり、法律上の力や地位を
付与する行為です。道路・河川の占用許可や公有水面埋立の免許がその例で
す。

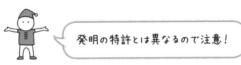
発明の特許とは異なるので注意！

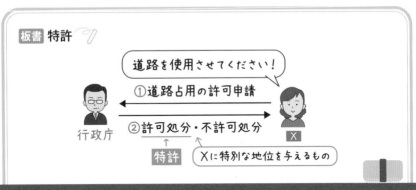

板書 特許

道路を使用させてください！

行政庁

①道路占用の許可申請

②許可処分・不許可処分

特許 ← X に特別な地位を与えるもの

X

認可とは、当事者間の法律行為を補充して、その法律効果を完成させる行為をいいます。農地の権利移転の許可や公共料金値上げの認可などがその例です。

板書 認可

行政庁

補充

売買 法律行為 + 認可 = 法律効果

↑「売買契約＋認可＝所有権移転」となる

農地法という法律では農地の権利移転の「許可」とされていますが、ここでの分類では「認可」に該当します。このように、実際の法律で使用される用語と今学習している学問上（講学上）の分類が一致しない場合があるので注意しましょう。

4 行政行為の効力

　行政行為には①公定力、②不可争力、③不可変更力、④執行力という効力
が認められるとされています。

> この中で最も重要なのは①の公定力です。次の 5 行政行為の瑕疵
> にも大いに関係します。

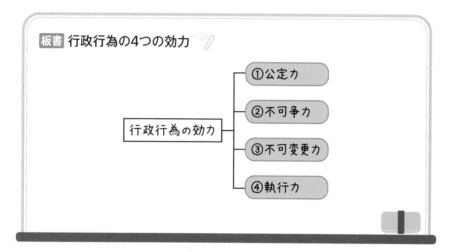

板書 行政行為の4つの効力

行政行為の効力 ─┬─ ①公定力
　　　　　　　　　├─ ②不可争力
　　　　　　　　　├─ ③不可変更力
　　　　　　　　　└─ ④執行力

❶ 公定力

　公定力とは、瑕疵ある行政行為であっても、正当な権限のある機関によっ
て取り消されない限り、一応有効として取り扱われる効力です。

> ここで「瑕疵」とは違法性や不当性があることですが、"間違って
> いる"行政行為のこと、という程度のイメージでOKです。

　したがって、間違った行政行為をされた私人は、積極的に争っていかなく
てはいけないのです。

　たとえば、税務署長がAさんに対してした課税処分に、税額が過大であっ

たという間違いがあったとします。これをAさんが"間違いだろう"と勝手に判断し、過大な分を納付しなかったとすると、滞納していることになり、滞納処分を受けてしまうことになりかねません。

　そこで、Aさんは、取消しを求めて（a）不服申立てを行うか、（b）取消訴訟を起こす必要があるのです。

実際には、最も簡単な方法として、税務署に問い合わせをして、間違いを認めてもらえば、税務署長が職権で取消しをしてくれます。したがって、争うしかない、というのは、税務署の側が間違いを認めないような場合ということになります。

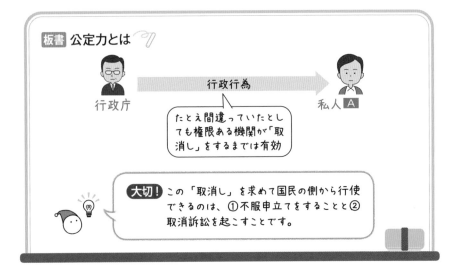

板書 公定力とは

行政庁 ──行政行為──→ 私人 Ａ

たとえ間違っていたとしても権限ある機関が「取消し」をするまでは有効

大切！ この「取消し」を求めて国民の側から行使できるのは、①不服申立てをすることと②取消訴訟を起こすことです。

❷　不可争力

　不可争力とは、瑕疵ある行政行為であっても、一定期間が経過すると、行政行為の相手方や利害関係人などの私人の側からは、行政行為の効力を争うことができなくなる効力です。

　瑕疵ある行政行為には公定力がありますので、私人の側で争っていく必要があるわけですが、その争い方は2つに限定されています。それが（a）不服申立てと（b）取消訴訟です。そして、（a）（b）ともに期間制限がありま

すので、その期間が経過してしまうと、私人の側から争うことができなくなってしまうのです。これが不可争力です。

ただし、不可争力は私人の側に生じる効力です。行政庁の側では、期間経過後でも職権で取り消すことが可能です。

板書 不可争力とは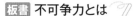

不服申立て	取消訴訟
行政行為があったことを知った日の翌日から3カ月もしくは行政行為があった日の翌日から1年	行政行為があったことを知った日から6カ月もしくは行政行為があった日から1年

この期間が経過すると国民の側からは争いようがなくなってしまう

争えなくなってしまう効力（＝不可争力）の発生

大切！ 国民の側からとれる2つの手段のどちらも使えなくなってしまうので、国民の側からはもはや争えなくなります。これが不可争力です。

❸ 不可変更力

不可変更力とは、行政庁が行った行政行為を、自らが変更することができなくなる効力です。

ただし、行政行為全般に生じる効力ではなく、審査請求の裁決など法律的な争いごとに対して行政機関が判定を下すような行為（争訟裁断的行政行為）にのみ生じる効力です。

❹　執行力

　執行力とは自力執行力ともいい、義務の履行がない場合に、行政庁が**裁判所の力を借りることなく、自力で強制的に行政行為の内容を実現できる効力**です。

　私人間では自力救済の禁止から、かならず裁判所の手を借りる必要がありますので、行政行為に認められた特有の効力といえます。ただし、法律の留保の原則から強制的な手段をとることを認める**根拠法が必要**とされています。

5　行政行為の瑕疵

　行政行為に"瑕疵がある"というのは、行政行為が違法な場合（法律に違反している場合）や行政行為が不当である場合（違法とまではいえないものの公益に反して不適切である場合）をいいます。

　行政行為には、公定力がありましたね。したがって、取り消されるまでは有効として扱われるのが原則です。つまり、瑕疵ある行政行為は、"取消し"の対象となるのです。

　これを、「瑕疵ある行政行為は、**原則として取消しうべき行政行為**となる」と表現します。

　ただし、**例外的に無効**として処理される場合もあります。それは、行政行為の**瑕疵が重大かつ明白な場合**です。無効な行政行為には、公定力や不可争力が認められません。

そのため、無効を争う訴えである「無効等確認訴訟」には訴えを起こすことができる期間の制限がありません。

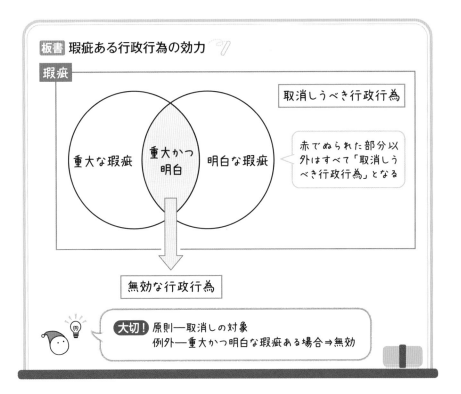

板書 瑕疵ある行政行為の効力

瑕疵

取消しうべき行政行為

重大な瑕疵　重大かつ明白　明白な瑕疵

赤でぬられた部分以外はすべて「取消しうべき行政行為」となる

無効な行政行為

大切！原則—取消しの対象
例外—重大かつ明白な瑕疵ある場合⇒無効

6 行政行為の取消し・撤回

1 取消しとは

　行政行為に瑕疵があると原則として「取消し」の対象となりますが、この取消しとは、行政行為の瑕疵を理由としてその効力を行政行為がなされた時にさかのぼってなかったものとすることです。

　例えば、懲戒処分を受ける理由もないのにされた懲戒処分を取り消す場合です。

2 撤回とは

　この「取消し」と似て非なるものに「撤回」という概念があります。

撤回とは、適法に成立した行政行為について、その後の事情（後発的事情）を理由に、その効力を将来に向かって失わせることです。

例えば、道路交通法違反を理由に自動車の運転免許を取り消す場合です。

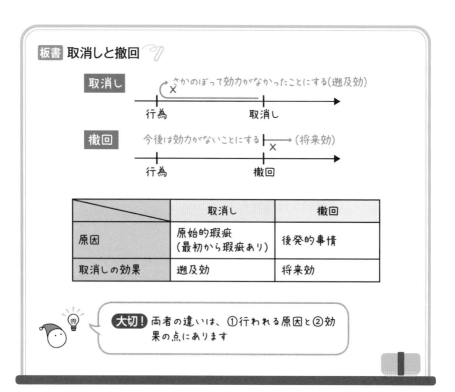

板書 取消しと撤回

取消し ┌ さかのぼって効力がなかったことにする（遡及効）

行為 　　　　　取消し

撤回 今後は効力がないことにする ├─×→（将来効）

行為 　　　　　撤回

	取消し	撤回
原因	原始的瑕疵 （最初から瑕疵あり）	後発的事情
取消しの効果	遡及効	将来効

大切! 両者の違いは、①行われる原因と②効果の点にあります

「撤回」に該当するものでも、実際の法令では「取消し」と表現されている場合もあります。ここで学習している「撤回」は、学問上の用語なので、講学上の「撤回」と呼ばれることもあります。

7　行政裁量

1 行政裁量とは？

「法律による行政の原理」を徹底するということであれば、行政の行為を
すべて法律で一義的にしばるのが望ましいことになるでしょう。しかし、起
こりうるすべてのケースを事前に想定して立法化しておくことは不可能です。
また、個別の事情によっては妥当でない処理になってしまう可能性もありま
す。

そこで、柔軟かつ妥当な対応を可能とするために、法が行政庁にある程度
幅のある判断権を与えるケースがあります。このように幅のある判断権が与
えられていることを「裁量」と表現します。行政機関に与えられた裁量のこ
とを「行政裁量」といいます。

> 国会が法律を作る際にどのような法律を制定するかについての裁量
> は「立法裁量」といいます。

2 司法審査の可否

行政庁に裁量が与えられている場合の行政行為については、裁判所は行政
庁の判断を尊重し、原則として司法審査の対象となりません。

ただし、裁量権の逸脱・濫用があった場合には司法審査の対象となり、裁
判所はその行政行為を取り消すことができます（行政事件訴訟法30条）。

Section 4　行政計画・行政指導・行政契約

1　行政計画

　行政計画とは、行政機関が将来の目標を設定し、その達成のために策定する計画のことです。

　行政計画は、①国民の権利義務に直接影響を与える**拘束的計画**（例：土地区画整理事業計画）と②国民の権利義務に直接影響を与えない**非拘束的計画**（例：経済成長計画）に分けられます。

　①は、国民の権利義務に影響を与えるものなので**法律の根拠が必要**ですが、②は法律の根拠は不要です。

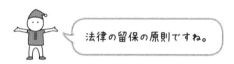

法律の留保の原則ですね。

2　行政指導

　行政指導とは、行政機関が、行政上の目的を達成するために、相手方たる国民の協力を求めて働きかける行為をいいます。

　あくまでも相手方の任意の協力を求めるものです。つまり、強制力はありません。その点で「非権力的な」行為といえます。

　また、行政指導が行われたことによって法的な効力は何ら生じません。その点で「事実行為」とされます。

「事実行為」というのは「法律行為」に対する概念です。
とてもわかりにくい概念ですが、行政法ではよく登場します。
そのような出来事があったという事実のみが残り、特にそれによって
法的な効力（権利や義務の発生、法律関係の成立など）が生じない行為
を指す概念です。

　たとえば、地方公共団体が、高層マンションの開発業者に対して付近住民

に対する建築計画の説明を行うように求めたり、付近住民の同意を得ること
を指導することなどが行政指導の具体例になります。

　行政指導は、"単なる行政側からの協力要請であって、強制力はない"と
されています。しかし、現実には、事実上、強い強制力を持つともいわれて
きました。そこで、行政手続法により、一定の法的規制が加えられるように
なっています。

3 行政契約

　行政契約とは、行政主体をその一方または双方の当事者とする契約をいい
ます。たとえば、住民との水道水供給契約などがその具体例です。

　行政契約は、①**私法上の契約**と②**公法上の契約**に分けることができます。

　①私法上の契約の場合、民法などの私法が適用され、紛争が生じ訴訟にな
った場合には民事訴訟法が適用されます。

　一方、②公法上の契約の場合、紛争が生じ訴訟になった場合には、基本的
には行政事件訴訟法が適用されることになります。

行政上の強制手段

1 行政上の強制手段の全体像

　行政機関が行政目的を達成するためには、時として強制的な手段を用いる必要がある場合もあります。また、従わない場合に制裁を行うことが必要な場合もあるでしょう。

　履行を強制する手段を表す総称として**行政強制**という表現が使われることがあります。

　この**行政強制**には、①義務を課された国民がこれを任意に履行しない場合に強制的に義務を履行させる手段である**行政上の強制執行**と、②国民に義務を課す暇のない緊急事態において、義務を課すことなく強制的な措置をとる手段である**即時強制**があります。

　さらには、直接的に義務の履行を強制する手段ではなく、義務の不履行に対して制裁を課すことで間接的に義務の履行を確保する手段として**行政罰**があります。

　いずれにしても、このような行政上の強制措置を行う場合には、法律の留保の原則に基づき、**法律の根拠が必要**となります。

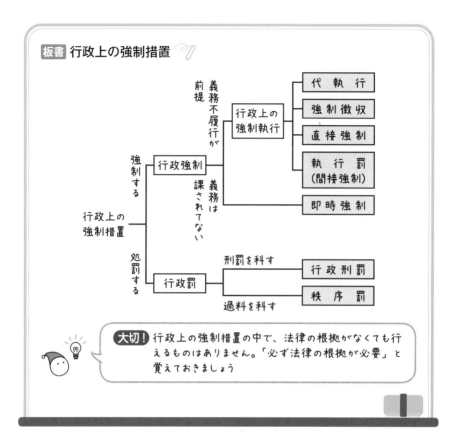

板書 行政上の強制措置

```
                              ┌─────────────────┐
                              │   代  執  行    │
                              └─────────────────┘
                    義務          ┌─────────────────┐
                    不  前        │  強 制 徴 収    │
                    履  提        └─────────────────┘
          ┌───────┐ 行  ┌───────┐ ┌─────────────────┐
          │       │ が  │行政上の│ │  直 接 強 制    │
          │行政強制├────┤強制執行├─┤                 │
    強     │       │     └───────┘ └─────────────────┘
    制     └───────┘               ┌─────────────────┐
    す        義                    │   執  行  罰    │
    る        務                    │  (間接強制)     │
┌───────┐    は                    └─────────────────┘
│行政上の│    課                    ┌─────────────────┐
│強制措置├    さ                    │  即 時 強 制    │
└───────┘    れ                    └─────────────────┘
    処        て
    罰        な            刑罰を科す ┌─────────────────┐
    す        い  ┌───────┐          │  行 政 刑 罰    │
    る    ┌──────┤行政罰 ├──────────┤                 │
          │       └───────┘          └─────────────────┘
          │                           ┌─────────────────┐
                           過料を科す │  秩  序  罰    │
                                      └─────────────────┘
```

大切! 行政上の強制措置の中で、法律の根拠がなくても行えるものはありません。「必ず法律の根拠が必要」と覚えておきましょう

2 行政上の強制執行

　行政上の強制執行とは、行政上の「義務」を履行しない者がいる場合に、その義務の履行を強制力（実力）を用いて確保することをいいます。

　これは、行政行為の効力の１つである「（自力）執行力」の具体的な表れです。

　「行政上の強制執行」には、①代執行、②強制徴収、③直接強制、④執行罰の４種類があります。

行政法

CH 1
行政法理論

【行政上の強制執行】

代執行	**代替的作為義務**（第三者が代わって履行できる義務）が履行されない場合に、行政庁が自ら義務者のすべき行為をし、または第三者にこれをさせ、費用を義務者から徴収すること
強制徴収	国や公共団体に対する**金銭債務**の履行がない場合に、行政庁が、強制手段によってその義務が履行されたのと同様の結果を実現すること
直接強制	義務者の義務の不履行の場合に、直接、義務者の身体または財産に実力を加え、義務の履行があったのと同一の状態を実現すること
執行罰	行政上の義務を相手方が履行しない場合に、その履行を強制するために金銭的な負担を課すこと（**過料**）

行政上の強制執行を行うためには、必ず法律の根拠が必要です。代執行は一般法である「行政代執行法」がありますが、他の3類型については、一般法は存在しません。したがって、強制徴収、直接強制、執行罰はそれを許す個別法があって初めて実施可能となります。

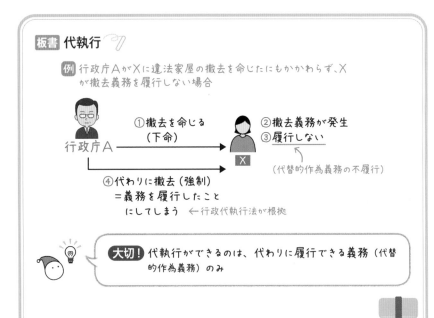

板書 **代執行**

例 行政庁AがXに違法家屋の撤去を命じたにもかかわらず、Xが撤去義務を履行しない場合

行政庁A
①撤去を命じる（下命）
②撤去義務が発生
③履行しない
X
（代替的作為義務の不履行）
④代わりに撤去（強制）＝義務を履行したことにしてしまう ←行政代執行法が根拠

大切！ 代執行ができるのは、代わりに履行できる義務（代替的作為義務）のみ

3 即時強制

　即時強制とは、義務の不履行を前提とせずに、直接に身体や財産に実力を加えて、行政上必要な状態を実現する行為をいいます。
　目前急迫（もくぜんきゅうはく）の障害を除く必要があって、義務を命じる余裕がない場合に行われるものです。

> 直接強制と即時強制は非常によく似ています。外から見ている分には、まったく同じことが行われていますので区別がつきません。
> 違いは、直接強制は義務の不履行が前提となっている点、即時強制は義務の不履行が前提となっていない点です。

　具体例として、消防法に基づく消火活動・延焼防止のための立入りや近隣家屋の倒壊（とうかい）（破壊消防）、感染症予防法に基づく強制入院を挙げることができます。

　たとえば、火事が起こって周辺に延焼しそうな場合に、燃え移りそうな家屋などを壊して延焼を防ぐ措置を消防士が講ずるようなケースです。

　この場合、所有者に壊す義務を課し、履行しない場合に強制的措置をとるという時間的余裕がありません。したがって、義務を課すことなくいきなり強制的な措置をとることができるのです。

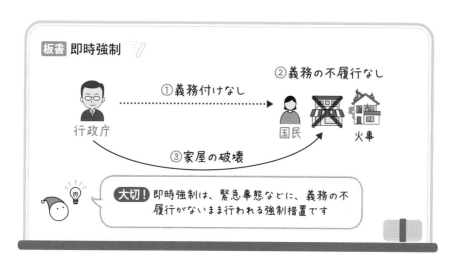

板書 即時強制

②義務の不履行なし

①義務付けなし

行政庁 → 国民　火事

③家屋の破壊

大切！ 即時強制は、緊急事態などに、義務の不履行がないまま行われる強制措置です

4 行政罰

　行政罰とは、行政上の過去の義務違反に対して、制裁として科される罰のことです。

　行政罰は、義務違反の重大度に応じて、①行政刑罰と②秩序罰に分けることができます。

❶ 行政刑罰

　比較的重大な義務違反に対して科されるものであり、刑法に規定されている刑罰（懲役、禁錮、罰金、拘留、科料、没収）が科されるものです。原則として、刑事訴訟法の定める手続により裁判所で科されます。

❷ 秩序罰

　届出義務違反のような比較的軽微な義務違反に対して科されるものであり、過料が科されます。

> 過料とは、金銭の納付を命じるものです。たとえば、戸籍法に基づく届出（死亡届など）を怠った者に対しては5万円以下の過料に処する（戸籍法135条）とされています。

　行政罰の特徴として、その実効性を確保するために、違反行為者のほかに、事業主（法人・雇主など）も処罰する両罰規定が多いことが挙げられます。

　また、行政罰と他の制裁手段（懲戒罰、課徴金の納付）や強制措置（執行罰など）との併科（合わせて科すこと）も許されています。

問1　Section2 **2**

法規命令のうち委任命令の制定についての法律の委任は、法律の法規創造力を失わせるような白紙委任が禁じられるが、一般的で包括的な委任は認められる。

（特別区 I 類2015）

問2　Section3 **3**

許可とは、人が生まれながらには有していない新たな権利その他法律上の力ないし地位を特定人に付与する行為をいい、鉱業権設定の許可や公有水面埋立の免許がこれにあたる。（特別区 I 類2018）

問3　Section3 **3**

特許とは、第三者の行為を補充して、その法律上の効果を完成させる行為をいい、農地の権利移転の許可や河川占用権の譲渡の承認がこれにあたる。

（特別区 I 類2018）

問4　Section3 **3**

認可とは、すでに法令によって課されている一般的禁止を特定の場合に解除する行為で、本来各人の有している自由を回復させるものをいい、自動車運転の免許や医師の免許がこれにあたる。（特別区 I 類2018）

問5　Section3 **4**

行政行為の不可争力とは、一度行った行政行為について、行政庁が職権で取消し、撤回、変更をすることができなくなる効力であり、実質的確定力とも呼ばれている。（特別区 I 類2018）

問6　Section3 **4**

行政行為の不可変更力とは、一定期間が経過すると私人の側から行政行為の効力を裁判上争うことができなくなる効力であり、形式的確定力とも呼ばれている。

（特別区 I 類2018）

問7 Section3 **6**

行政行為の撤回とは、行政行為が当初から違法又は不当であったと判明したときに、そのことを理由に行政庁が当該行政行為の効力を消滅させることをいう。

(特別区 I 類2014)

問8 Section5 **2**

行政代執行とは、義務者が代替的作為義務を履行しない場合、他の手段によってその履行を確保することが困難であるとき、行政庁自らが義務者の義務を履行できるとするものであるが、代執行に要した費用を義務者から徴収することはできない。

(特別区 I 類2015)

問9 Section5 **2**

直接強制は、義務者の身体又は財産に対し、直接に実力を加え、義務が履行された状態を実現させる強制執行制度であり、個別法で特に定められた場合にのみ認められる。(特別区 I 類2018)

問10 Section5 **3**

即時強制とは、義務者が義務を履行しない場合、義務者の身体や財産に実力を加え、義務の内容を実現する作用をいうが、苛酷な人権侵害を伴うおそれが強いため、例外的に最小限、個別法に特別の定めが置かれている。(特別区 I 類2015)

問11 Section5 **4**

行政刑罰は、刑事罰とは異なり、違反行為者だけでなく、その使用者や事業主にも科刑されることがある。(特別区 I 類2013)

解答

問1 ×　委任命令は、法律の個別的・具体的な委任が必要であり、一般的で包括的な委任では足りない。

問2 ×　特定の相手方に対し新たな特定の権利その他法律上の地位等を設定する行為は、「特許」のことである。

問3 ×　特許とは、特定の相手方に対し、特定の権利その他法律上の地位等を設定する行為である。本肢にある第三者の行為を補充して、その法律上の効果を完成させる行為は「認可」である。

問4 ×　認可とは、第三者（国民）の法律行為を補充して、その法律上の効力を完成させる行為をいい、農地の権利移転の許可などが例として挙げられる。本肢は「許可」の説明である。

問5 ×　行政行為の不可争力とは、一定期間の経過によって、行政行為の相手方（国民）がその効力を争えなくなるとする効力。本肢は「不可変更力」について述べたものである。

問6 ×　本肢は、「不可力」についての説明である。

問7 ×　本肢は、「取消し」についての説明である。

問8 ×　代執行に要した費用は義務者本人から徴収することができる（行政代執行法2条、5条）。

問9 ○　直接強制が認められるのは、個別法の根拠がある場合である。

問10 ×　本肢は即時強制ではなく直接強制の説明である。直接強制と即時強制はともに、過酷な人権侵害を伴うおそれが強いため、例外的に最小限、個別法に特別の定めが置かれている。

問11 ○　行政刑罰は、刑事罰とは異なり、違反行為者だけではなく、その使用者や事業主にも刑が科される両罰規定がある。

CHAPTER 2

行政手続法

行政手続法は、行政の手続に関して事前の手続保障を図るために作られた法律です。試験では条文自体を覚えていることが求められます。どのような行政の活動に対して、どのような手続が求められているかを覚えていきましょう。

Section 1 申請に対する処分

1 行政手続法の概要

1 制定された理由

　行政手続法が制定されたのは、平成5年（1993年）です。公務員試験で出題対象になっている他の法律（行政事件訴訟法、行政不服審査法、国家賠償法など）に比べると比較的新しい法律です。

　行政手続法が制定される以前から行政活動により国民の権利利益が侵害された場合は、事後的な救済手段として、①行政不服審査法・行政事件訴訟法に基づいて取消しを求めることや、②国家賠償法に基づいて賠償を求めることは可能でした。

　しかし、行政行為（処分）に公定力があるため、いったん行政行為（処分）がされてしまうと国民側には重い負担が生じます。また、いったん生じた損害を塡補するだけでは、人権保障としては不十分です。

　そこで、適正手続を保障する憲法31条の趣旨に基づき、処分が行われる前に告知・聴聞の機会を付与したり、公正で透明性の高い行政活動が行われるようにするために規定されたのが行政手続法です。

　つまり、行政手続法は、事前の手続保障のための法律です。

2 規定の対象

　行政手続法は、行政の手続についてのルールを定めた一般法ですが、すべての行政手続を対象にしているわけではありません。

　対象は、①処分、②行政指導、③届出、④命令等制定の手続の4つに限定されています。

つまり、行政計画や行政契約については対象外っていうことだね！

3 目的

　行政手続法は1条で、その目的について、①行政運営における公正の確保と透明性の向上を図ること、②国民の権利利益の保護に資することを挙げています。

4 行政手続法の全体像

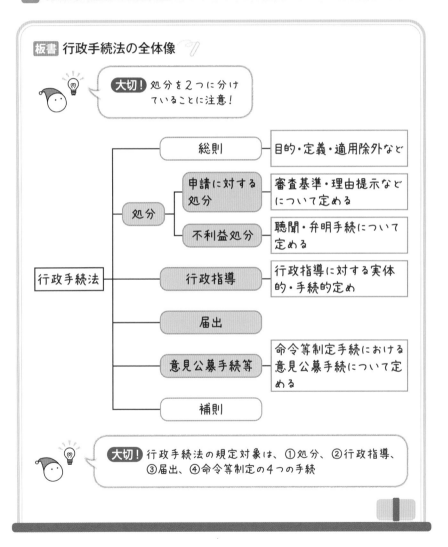

板書 行政手続法の全体像

大切! 処分を2つに分けていることに注意!

- 行政手続法
  - 総則 ── 目的・定義・適用除外など
  - 処分
    - 申請に対する処分 ── 審査基準・理由提示などについて定める
    - 不利益処分 ── 聴聞・弁明手続について定める
  - 行政指導 ── 行政指導に対する実体的・手続的定め
  - 届出
  - 意見公募手続等 ── 命令等制定手続における意見公募手続について定める
  - 補則

大切! 行政手続法の規定対象は、①処分、②行政指導、③届出、④命令等制定の4つの手続

行政法

CH2 行政手続法

225

2 申請に対する処分

1 申請に対する処分とは？

　ここで「申請」とは、「法令に基づき、行政庁の許可、認可、免許その他の自己に対し何らかの利益を付与する処分（以下、「許認可等」という。）を求める行為であって、当該行為に対して行政庁が諾否の応答をすべきこととされているもの」（2条3号）と定義されています。

　この長い定義規定の中で重要なのは、「行政庁が諾否の応答をすべき」の部分です。つまり、応答することが予定されていないものは「申請」ではなく、後で登場する「届出」ということになります。

　何らかの利益を付与する処分を求める申請があってそれに対して返答をする行為、それが「申請に対する処分」です。したがって、具体的には、私人から出された営業許可の申請に対して、行政庁（大臣など）が出す許可処分（または不許可処分）などが該当します。

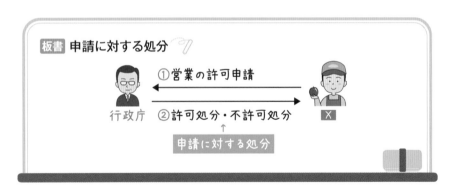

板書 申請に対する処分

①営業の許可申請

行政庁　②許可処分・不許可処分

申請に対する処分

2 申請に対する処分に関する規定

　申請に対する処分では、判断過程における公正性・透明性・迅速性を高めるための手続の整備を図る規定が設けられています。

❶ 審査基準 (5条)

許認可等をするか否かを判断するための基準を**審査基準**といいますが、この**審査基準の設定が義務付け**られています。

また、設定した審査基準は、原則として、**公表する義務があります。**

設定・公表を義務付けることで、行政が好き勝手に判断することを防ぐと共に、どのような判断が出るかにつき私人の側でも予測ができるようにしようとするものです。

板書 審査基準

法が許可制を採用
⬇
事前に審査基準を設定する義務
⬇

営業の許可申請

行政庁 ◀‥‥‥‥‥‥‥ X

大切！ 審査基準の設定は法的義務
（必ず設定しなければならない）

❷ 標準処理期間 (6条)

申請がその事務所に到達してから当該申請に対する処分をするまでに通常要すべき標準的な期間を**標準処理期間**といいますが、行政庁はこれを定めるように努めなければならないとされています。

このように「努めなければならない」と規定されている義務を「努力義務」といいます。

さらに、標準処理期間を定めた場合には公表することが義務付けられています。

これにより、申請者の側では判断ができる時期の目安がわかるとともに、行政の側による不当な放置も防ぐことが可能となります。

❸ 理由の提示（8条）

行政庁は、申請により求められた許認可等を**拒否する処分（不許可処分）**をする場合は、原則として、申請者に対して、同時にその**理由を示さなければなりません。**

理由が提示されることで、今後不服申立てや取消訴訟を起こすか否かの判断ができるようにしています。したがって、理由を提示する必要があるのは、申請を拒否する処分の場合に限定されています。私達の側でも、申請を認めてくれた場合に特に理由は必要としないですよね。

この理由の提示は、拒否処分を書面でするときには理由も書面で示す必要があります。

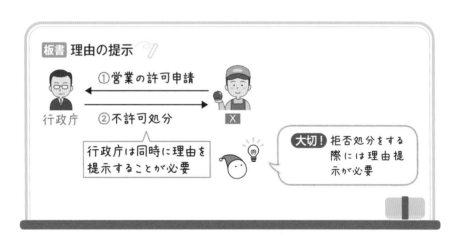

板書 理由の提示

①営業の許可申請

②不許可処分 X

行政庁

行政庁は同時に理由を提示することが必要

大切! 拒否処分をする際には理由提示が必要

Section 2　不利益処分

1　不利益処分とは?

　不利益処分とは、「行政庁が、法令に基づき、特定の者を名あて人として、直接に、これに義務を課し、又はその権利を制限する処分」と定義されています（2条4号）。

「名あて人」とは、相手方のことです。

　つまり、不利益な効果を特定の私人に発生させる効果をもつ処分であり、具体的には、営業の停止処分や営業許可の取消処分が該当することになります。しかし、ここで注意が必要なのは、「申請により求められた許認可等を拒否する処分」が除外されていることです（2条4号ロ）。

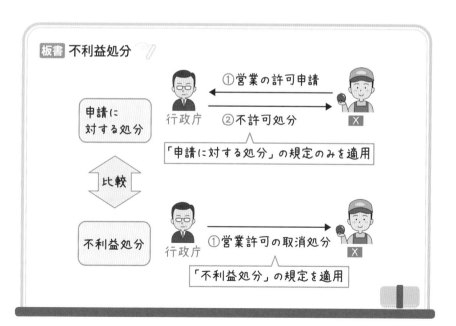

板書 不利益処分

申請に
対する処分

行政庁　①営業の許可申請　X
②不許可処分

「申請に対する処分」の規定のみを適用

比較

不利益処分

行政庁　①営業許可の取消処分　X

「不利益処分」の規定を適用

行政法

CH2
行政手続法

「営業許可申請に対する不許可処分」は、内容的には不利益な処分ですが、「不利益処分」には該当しません。

2 不利益処分に関する規定

不利益処分では、相手方に不利益を与える処分が不意打ち的に行われないように、その相手方に対して自己の権利利益を守るための事前の手続的保障の機会を設けるという観点が重視された制度になっています。

1 処分基準（12条）

不利益処分をするかどうか、またはどのような不利益処分とするかについて判断するための基準を処分基準といいます。

行政庁は処分基準を定めるように努めなければなりません（努力義務）。

また、この処分基準を定めた場合の公表も努力義務となっています。

審査基準と異なり、処分基準の設定・公表は努力義務にすぎないことに注意しましょう。

2 不利益処分をしようとする場合の手続

行政庁は、不利益処分をしようとする場合には、不利益の程度の区分に従い、当該不利益処分の名あて人（相手方）となるべき者について、意見陳述のための手続をとらなければなりません。

意見陳述のための手続には、正式な手続である聴聞と簡略な手続である弁明の機会の付与があります。

板書 「意見陳述のための手続」の区別

意見陳述の機会の付与

↑ 処分が出される前に意見を述べる機会が与えられる

── 聴聞 ──────── 口頭審理（正式）

例 営業許可の取消処分をしようとするとき＝不利益の程度が大きい

── 弁明の機会の付与 ── 書面審理（略式）

例 営業停止の処分をしようとするとき＝不利益の程度が比較的軽微

大切！「営業許可の取消処分」を出す予定の場合は、「聴聞」を行うことになる

❶ 聴聞

許認可等の取消処分などを行う際に行われる**聴聞**は、処分の名あて人となるべき者（処分の相手方になる予定の者）を指定された場所に呼んで、その意見や反論などを聞く手続です。

まず、処分を行う予定の行政庁は、処分の名あて人となるべき者に対して、聴聞の通知を行う必要があります。

聴聞の場では**主宰者**が審理の進行を担います。主宰者とは聴聞の審理を主宰する者をいい、行政庁が指名する職員その他政令で定める者がなります。

聴聞では、当事者は意見を述べ、証拠書類を提出することができます。また、行政庁の職員への質問権や文書等の閲覧権も認められています。

行政庁は、聴聞の結果をもとに、最終的に不利益処分を行うかどうかを決定します。

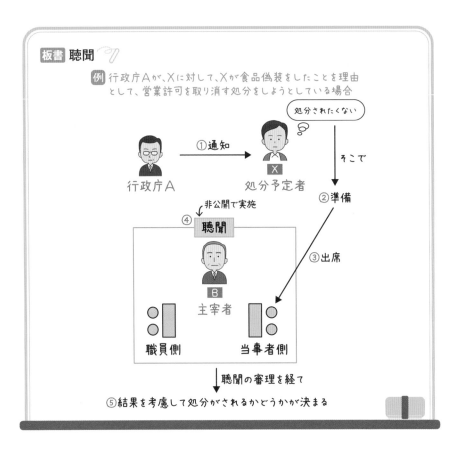

板書 聴聞

例　行政庁Aが、Xに対して、Xが食品偽装をしたことを理由として、営業許可を取り消す処分をしようとしている場合

処分されたくない

①通知

行政庁A　　　　　処分予定者

X

そこで

②準備

非公開で実施

④聴聞

③出席

B　主宰者

職員側　　　　　当事者側

聴聞の審理を経て

⑤結果を考慮して処分がされるかどうかが決まる

❷　弁明の機会の付与

　弁明の機会の付与は、聴聞よりも簡略化された手続です。営業停止処分などは弁明の機会の付与でよいとされています。原則として、口頭での審理は予定されておらず、**書面による審理**が行われます。

3 不利益処分の際の理由の提示（14条）

　行政庁は、不利益処分をする場合には、原則として、その名あて人に対して、同時にその不利益処分の**理由を示す**必要があります。

　なお、不利益処分を書面でするときは、理由も書面により示す必要があります。

行政指導・届出・命令等制定

1 行政指導

　行政指導は、本来は強制力のない、国民に対する協力要請に過ぎません。しかし、実際には、事実上の拘束力があるような運用がされてきました。さらに、行政手続法において処分についてのルールの厳格化を予定していたため、その潜脱（せんだつ）手段として行政指導が多用される可能性も指摘されました。

　そこで行政手続法において、行政指導についての規則を明文化することになりました。

❶ 定義の明確化

　「行政指導」とは、「行政機関がその任務又は所掌事務の範囲内において一定の行政目的を実現するため特定の者に一定の作為又は不作為を求める指導、勧告、助言その他の行為であって処分に該当しないもの」をいいます（2条6号）。

❷ ルールの明文化

　法理論上では以前からのルールを、一般原則（32条）として、以下のように明文化しています。

　「行政指導に携わる者は、当該行政機関の任務または所掌事務の範囲を逸脱してはならず、行政指導の内容があくまでも相手方の任意の協力によってのみ実現されることに留意しなければならない」（32条1項）

　「行政指導に携わる者は、その相手方が行政指導に従わなかったことを理由として、不利益な取扱いをしてはならない」（32条2項）

1項・2項ともに当然といえば当然のルールですが、これが明文化されたということは、（制定以前は）いかに違法な行政指導が行われていたかの証拠ともいえるでしょう。

さらに、行政指導を行う際には、「行政指導に携わる者は、その相手方に対して、当該行政指導の趣旨および内容ならびに責任者を明確に示さなければならない」(35条1項) としています。

2 届出

「届出」とは、「行政庁に対し一定の事項の通知をする行為 (申請に該当するものを除く。) であって、法令により直接に当該通知が義務付けられているもの」をいいます (2条7号)。

届出については、適法な届出書が行政機関の事務所に到達したときには、届出義務が履行されたとする規定 (37条) のみが置かれています。

3 命令等の制定

1 命令等とは?

「命令等」とは、内閣または行政機関が定める、法律に基づく命令または規則、審査基準・処分基準・行政指導指針のことをいいます (2条8号)。

たとえば、内閣が定める命令である「政令」、各省大臣が定める「省令」が含まれます。さらに、「審査基準」「処分基準」「行政指導指針」も命令等に含まれます。

したがって、命令等制定機関とは、政令の場合は「内閣」、省令の場合は「各省大臣」、審査基準や処分基準であれば「処分行政庁」ということになります。

2 意見公募手続の実施

行政手続法では、命令等を定める際に、事前に、その案を公表して、国民から意見を募る手続 (意見公募手続) を設けることとしています。

この手続のことをパブリックコメント手続ともいいます。

　命令等制定機関は、命令等を定めようとする場合には、命令等の案および
これに関連する資料をあらかじめ公示し、意見の提出先・意見提出期間を定
めて広く一般の意見を求めなければなりません。

　日本国民だけでなく、法人や外国人も意見を述べることができます。また、
意見提出の期間は原則として30日以上とされています。

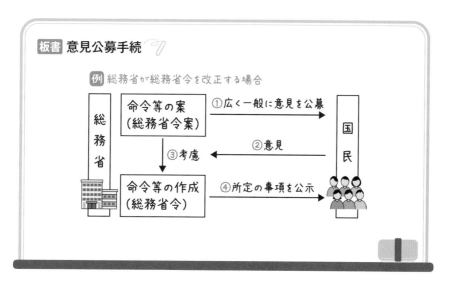

板書 意見公募手続

例 総務省が総務省令を改正する場合

総務省
命令等の案（総務省令案）
①広く一般に意見を公募
②意見
③考慮
命令等の作成（総務省令）
④所定の事項を公示
国民

問1　Section2 **2**

行政庁は、不利益処分をするかどうかについて法令の定めに従って判断するために必要とされる基準を定め、かつ、必ずこれを公にしておかなければならず、その基準を定めるに当たっては、不利益処分の性質に照らしてできる限り具体的なものとするよう努めなければならない。(特別区Ⅰ類2016)

問2　Section2 **2**

行政庁は、許認可等を取り消す不利益処分をしようとするときは、当該不利益処分の名あて人となるべき者について、弁明の機会を付与しなければならず、弁明は、弁明を記載した書面を提出してするものとする。(特別区Ⅰ類2016)

問3　Section2 **2**

行政庁は、不利益処分をする場合には、その名あて人に対し、処分後相当の期間内に、当該不利益処分の理由を示さなければならないが、不利益処分を書面でするときであっても、その理由は口頭によることができる。(特別区Ⅰ類2016)

問4　Section3 **1**

行政指導に携わる者は、常に申請の取下げを求める行政指導をしてはならず、また、その相手方が行政指導に従わなかったことを理由として、不利益な取扱いをしてはならない。(特別区Ⅰ類2017)

解答

問1 ✕　処分基準を定めること及び公にすることは、どちらも努力義務に過ぎない（行政手続法12条1項）。

問2 ✕　許認可等を取り消す不利益処分をしようとするときは聴聞を行う必要がある。

問3 ✕　理由提示は不利益処分と同時にすべきなのが原則であり、不利益処分を書面でするときは、その理由も書面で示さなければならない（行政手続法14条1項・3項）。

問4 ✕　申請の取下げを求める行政指導をすること自体は可能。ただし、「申請者が当該行政指導に従う意思がない旨を表明したにもかかわらず当該行政指導を継続すること等により当該申請者の権利の行使を妨げる」ことが禁止されている（行政手続法33条）。後半の記述は正しい（32条2項）。

CHAPTER 3

行政事件訴訟

行政救済法とよばれる三法の中で最も重要度が高い法律です。多くの訴訟類型が規定されていますが、中心は「取消訴訟」です。条文も重要ですが、判例も重要性が高く、条文と判例をセットできちんと理解していく必要があります。

行政救済法と行政争訟の全体像

1 行政救済法の全体像

　行政が間違った処分を出してしまった場合や公務の遂行の過程で公務員が国民に被害を与えてしまった場合に、国民の側ではどのような形で救済を求めることができるでしょうか？

　このような行政の活動によって不利益を受けた国民の救済を図るための法制度が行政救済法になります。

　行政救済法には大きな区分として、①行政争訟と②国家補償があります。

　①行政争訟は、違法な処分が行われた場合にその取消しを求める仕組みです。一方、②国家補償は、損失等の金銭的な支払を求める仕組みです。

板書　行政救済法の全体像

行政救済法 ─┬─ 行政争訟　　違法な処分が行われた場合にその取消しを求める仕組み
　　　　　　　└─ 国家補償　　損失等の金銭的な支払を求める仕組み

②国家補償については、Chapter5で学習します。ここでは行政争訟について見ていきましょう。

2 行政争訟

違法な処分が行われた場合に争う仕組みを行政争訟といいます。

行政争訟には、①取消訴訟と②行政不服申立ての2つの仕組みがあります。

①取消訴訟は、裁判所に対して違法な処分の取消しを求める仕組みです。一方、②行政不服申立ては、行政に対して違法・不当な処分の取消しを求める仕組みです。

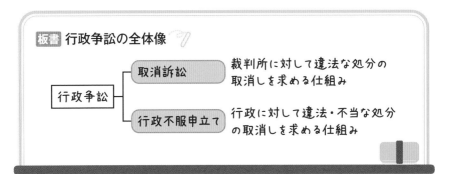

板書 行政争訟の全体像

行政争訟 ┬ 取消訴訟 ── 裁判所に対して違法な処分の取消しを求める仕組み

　　　　 └ 行政不服申立て ── 行政に対して違法・不当な処分の取消しを求める仕組み

試験対策上は、①取消訴訟の方が②の行政不服申立てより重要です。①の取消訴訟についてChapter3で学習し、その後でChapter4で行政不服申立てについて学習していきます。

3 取消訴訟とは

1 行政事件訴訟法の全体像

取消訴訟について規定しているのが行政事件訴訟法です。行政事件訴訟には、取消訴訟だけでなく、それ以外の訴訟類型についても規定されています。

行政事件訴訟法に規定されている訴訟は、大きく分けて、①抗告訴訟、②当事者訴訟、③民衆訴訟、④機関訴訟の4つに区分することができます。

ただ、ここでは①の抗告訴訟に属する取消訴訟のみを取り上げて説明して

いきます。

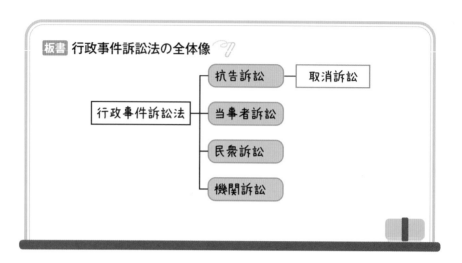

板書 行政事件訴訟法の全体像

行政事件訴訟法 ── 抗告訴訟 ── 取消訴訟
　　　　　　　　── 当事者訴訟
　　　　　　　　── 民衆訴訟
　　　　　　　　── 機関訴訟

2 抗告訴訟と取消訴訟

　抗告訴訟とは、国民の側が行政庁の一方的・命令的に行われる行為に対して不服を申し立てる訴訟の総称です。

　抗告訴訟には、いくつかの訴訟類型が含まれていますが、その中で「違法な処分の取消しを求める訴訟」が取消訴訟です。

Section 2 取消訴訟の訴訟要件

1 訴訟要件

　裁判所で主張内容について審査判断してもらう前提として、その訴訟が訴訟として成立する要件を満たしているかがチェックされます。この要件のことを**訴訟要件**といい、訴訟要件が満たされているかの審査のことを**要件審理**といいます。訴訟要件を満たしていない場合、内容面の審査判断をしてもらうことはできず、**却下判決**が出て訴訟は終了になります。

【訴訟要件の種類】

	名称	内容
①	処分性	対象とされる行為に「処分」としての性質があるか
②	原告適格	取消しを求めて出訴できる資格はあるか
③	狭義の訴えの利益	処分・裁決を取り消してもらう実益は残っているか
④	被告適格	被告とする者は正しいか
⑤	裁判管轄	訴訟を提起する場所（裁判所）は正しいか
⑥	出訴期間	出訴期間内の出訴か
⑦	訴えの形式	選択した訴えの類型に誤りはないか
⑧	当事者能力・訴訟能力	当事者となる能力・訴訟能力はあるか
⑨	不服申立前置	不服申立前置のケースではないか

　訴訟要件の中で、④の被告適格や⑥の出訴期間はわかりやすいので、簡単に説明しておきましょう。

　取消訴訟の相手方（被告）は、原則として当該**処分をした行政庁の所属する国または公共団体**になります。

　また、取消訴訟は、処分または裁決があったことを知った日から**6カ月**を経過したとき、もしくは、処分または裁決があった日から**1年**を経過したときには正当な理由がある場合を除き、提起できなくなります。

　これらの要件も訴訟要件の1つですから、満たされていない場合には却下

になります。たとえば、処分があった日から2年後に、訴訟を提起した場合、本案審理（訴えの内容についての審理）に進むことなく、却下判決で終わりになってしまうということです。

この訴訟要件の中で特に重要なのは、①処分性、②原告適格、③狭義の訴えの利益です。

①②③の訴訟要件は、前頁④や⑥のように形式的に判断できるものではなく、その有無についてある程度事案の内容に則した吟味検討を行って初めて判断できるものです。したがって、法廷での審理を行って判定されることになります。

2 処分性

1 処分性とは？

処分の取消しの訴えは「行政庁の処分その他公権力の行使に当たる行為」を対象とすると規定されています（3条2項）。

したがって、取消訴訟を提起するためには、「行政庁の処分その他公権力の行使に当たる行為」である必要があり、この性質を有することを "処分性がある" と表現します。

判例では、「（a）公権力の主体たる国または公共団体が行う行為のうち、（b）その行為によって、直接国民の権利義務を形成し、またはその範囲を確定することが法律上認められているものをいう」と定義されています。

処分性の有無は、この（a）（b）の視点から判断されることになります。

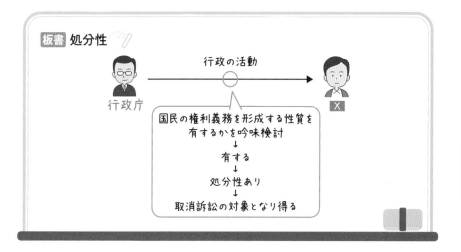

2 行政行為の処分性

行政行為は、（ a ）（ b ）を満たすので、「処分」に含まれると考えられます。

3 行政行為以外の行政活動の処分性

問題は行政行為以外の行政活動が含まれるかどうかです。この点は個別に判定していくことになります。

たとえば、**行政指導**は、法的効力のない事実行為にすぎないとされています。したがって、**「処分」には該当しない**と考えられます。しかし、医療法に基づく**病院開設中止の勧告**については、事実上の拘束力の強さに鑑みて、例外的に「処分」に該当すると判断されています。

この勧告は行政指導なので、無視して開設すること自体は可能です。しかし、この勧告を無視して開設すると、相当の確実さをもって保険医療機関の指定を受けることができなくなるとされています。そのため事実上開設自体を中止せざるを得なくなるのです。

また、行政計画についても、以前は拘束的な行政計画も含めて処分性はないと判断されてきました。しかし、予定地域の住民に対して拘束力の強い**土地区画整理事業計画**について、判例変更を行い、処分性を認めるに至っています。

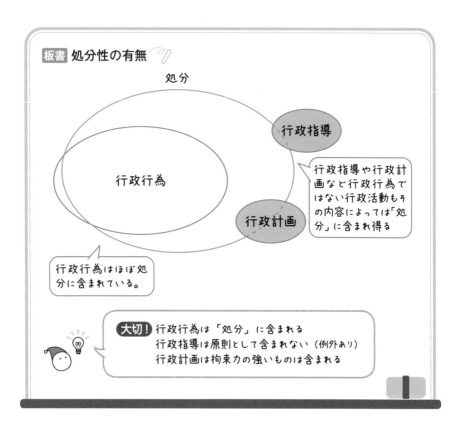

板書 処分性の有無

処分

行政指導

行政行為

行政計画

> 行政指導や行政計画など行政行為ではない行政活動もその内容によっては「処分」に含まれ得る

> 行政行為はほぼ処分に含まれている。

大切! 行政行為は「処分」に含まれる
行政指導は原則として含まれない（例外あり）
行政計画は拘束力の強いものは含まれる

3 原告適格

1 原告適格とは？

　訴訟を提起できる資格のことを原告適格といい、この資格があるのは**法律上の利益を有する者**に限られています。つまり、取消訴訟は「法律上の利益を有する者」でなければ提起することができないということです。

　この点、不許可処分や営業許可の取消処分の相手方が「法律上の利益を有する者」であることは間違いありません。

2 処分の相手方以外の者の原告適格

問題になるのは、処分の相手方以外の者に原告適格があるかどうかです。

判例は、**法律上の利益を有する者**とは、「当該処分により自己の権利もしくは法律上保護された利益を侵害され又は必然的に侵害されるおそれのある者」であるとしています。

したがって、このような立場に置かれている者であれば、処分の相手方以外の第三者も原告適格を有していることになります。

たとえば、都市計画法に基づく知事の鉄道事業に対する認可処分の取消訴訟において、周辺住民のうち当該事業が実施されることにより著しい被害を直接的に受けるおそれのある者（騒音や振動による被害を受ける可能性のある付近住民）には、取消訴訟を提起する法律上の利益があると認定されています。

一方、質屋営業法に基づく営業許可処分については、既存の営業者（ライバル店など）には取消訴訟を提起する法律上の利益はないとされています。

このような判断の違いは、処分の根拠となる法令等の解釈によって決まると考えられます。
つまり、許可制や認可制を設けた法律等が何を保護するためにそのような制度を設けたかによって判断されるということです。

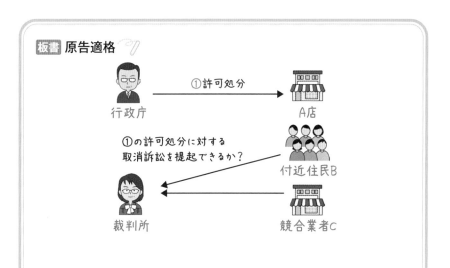

板書 原告適格

行政庁 ──①許可処分──→ A店

付近住民B

①の許可処分に対する
取消訴訟を提起できるか？

裁判所 ←── 競合業者C

大切！ 付近住民Bや競合業者CがAに対する処分の取消訴訟が提起できるかはBCに法律上の利益があるかどうかによって決まる
⇒法律上の利益があれば提起可能（原告適格あり）

4 狭義の訴えの利益

1 狭義の訴えの利益とは？

　狭義の訴えの利益とは、処分を取り消してもらうことにより得られる実益のことです。

　時の経過による状況変化により、もはや処分を取り消してもらうことにより得られる実益がなくなった場合に、内容的な審査を継続して最終判断を示すことは単なる裁判制度の無駄使いになりかねません。

　そこで、処分を取り消してもらう実益（＝狭義の訴えの利益）が消滅した場合には、却下の判決を出して、訴訟を終結させることができることになります。

2 狭義の訴えの利益が失われる場合

　たとえば、隣家の建築確認が違法であるとして取消訴訟を提起しようとした場合を考えてみましょう。

　仮に建築工事が完了してしまうと、今さら建築確認を取り消してもらっても特に意味はないと考えられています（建築確認は単に着工できるという効果を持つものであり、その効果は工事完了により完全に失われるからです）。したがって、工事完了後には、建築確認の取消しを求める狭義の訴えの利益は失われます。

3 狭義の訴えの利益がある場合

　たとえば、懲戒免職処分を受けた公務員が取消訴訟を提起して、裁判で争

っている間に亡くなったとします。当人が死亡してしまった以上、免職処分が取り消されたとしても公務員に戻ることは不可能なので、取消しを求める実益はなくなるようにも思えます。

しかし、免職処分が取り消されれば、受け取ることができなかった退職金などの請求権を遺族が得ることができます。したがって、この場合には、狭義の訴えの利益は失われず、遺族は訴訟を継続することができるのです。

狭義の訴えの利益の有無の判断には、処分が取り消されることによって「回復すべき法律上の利益」がある場合も含まれます。

Section 3

取消訴訟の審理手続・判決

1 本案審理

　訴訟要件が満たされている場合は、主張内容についての審理に入ります。これを「本案審理」といいます。

1 民事訴訟のルールの適用

　行政事件訴訟法に規定のない事項については、民事訴訟法を適用することになっています（7条）。

　このことから、次のような民事訴訟法上の原則が、行政事件訴訟にも適用されることになります。

❶　処分権主義

　訴訟を提起するか、やめるかについては、当事者の判断にゆだねられるとする原則のことです。

❷　弁論主義

　裁判の基礎となる資料の収集・提出を、当事者の権能かつ責任とする原則のことです。

この原則から、裁判は当事者の弁論（主張・立証）を通じてのみ行われ、裁判所は弁論で示された主張と資料（証拠）にのみ基づいて判断を下すのが原則となります。
つまり、裁判所は原則としてレフェリー役に徹するということです。

2 原告の主張制限

　取消訴訟においては、自己の法律上の利益に関係のない違法を理由として、取消しを求めることはできません（10条1項）。

　したがって、原告は、処分を違法とする理由について第三者に対する権利

侵害などを主張することができないことになります。

2 判決

1 判決の種類

　判決の名称には、**却下**、**棄却**、**認容**の3種類があります。

　棄却は取消しを求める原告（私人）の敗訴、**認容**は取消しを求める原告（私人）の勝訴ということになります。

　認容判決が出されると、処分は取消しになります。

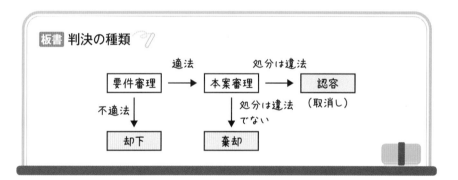

板書 判決の種類

```
要件審理 ──適法──→ 本案審理 ──処分は違法──→ 認容
   │                      │                  （取消し）
 不適法                処分は違法
   ↓                      でない
  却下                    ↓
                         棄却
```

2 判決の効力

❶ 既判力

　判決の種類に関係なく確定判決に生じる効力として、既判力があります。

　確定判決とは、上級の裁判機関に不服を申し立てる上訴（控訴や上告等）などの不服申立方法がなくなり、もはや取り消されることのない状態になった判決です。例えば、地方裁判所の判決は高等裁判所に控訴が可能ですが、控訴は一定の期間内に行う必要があるので、その期間が経過すると判決は確定します。

　これは、いったん**判決が確定すると、当事者および裁判所はその判決に拘束され、同一事項について確定判決と矛盾する主張・判断を後の訴訟（例え

251

ば、国家賠償請求訴訟など）においてすることができなくなるという効力で、紛争の蒸し返しを防止するために認められている効力です。

既判力とは、"既に判断済み"ということから生じる力という意味合いです。

❷ 形成力

認容判決（取消しの判決）に生じる効力として、形成力があります。

「形成力」とは、認容判決が出ることによって、行政庁が取消しを行うまでもなく、さかのぼって処分の効力が消滅する効力です。

判決のみで、法律関係を作り出す（形成する）力があるということです。

この形成力（法律関係を作り出す力）は、訴訟の当事者だけでなく第三者にも及ぶとされています。

これを指して「第三者効がある」と表現します。
"第三者にも及ぶ"というのは、行政事件訴訟法だけを勉強していると当たり前に思えてしまいますが、訴訟制度としては例外的な取扱いといっていいでしょう。実際、民事訴訟法では相対効（当事者にのみ効力が生じる）というのが原則になっています。

❸ 拘束力

次に、認容判決（取消しの判決）に生じる効力として、拘束力があります。

「拘束力」とは、処分行政庁その他の関係行政庁は、認容判決に拘束され、この判決の趣旨に反する処分をすることができなくなる効力です。

したがって、不許可処分の取消訴訟において認容判決が出された場合、同一の理由に基づき再度不許可処分をすることは許されなくなります。

ただし、絶対に許可処分が出るとは限りません。
なぜなら、あくまでも"同一の理由によって"再度不許可処分を出すことが許されないだけであって、異なる理由に基づき不許可処分を出すことは許されているからです。

板書 判決の効力

既判力	判決が確定することによって、同一の事項について<u>確定判決と矛盾する主張・判断を後の訴訟において争うことができなくなる効力</u>
形成力	取消判決により、処分の効力は失われ、<u>最初からなかったことになる効力</u>
第三者効	形成力は第三者に対しても及ぶ
拘束力	取消判決が関係行政庁を拘束する効力 →判決の趣旨に従い、改めて申請に対する処分をしなければならない。 ↳処分庁は、同一事情の下においては、判決の趣旨に反する処分をすることができなくなる

大切！ 既判力→判決の種類に関係なく確定判決に生じる効力
形成力・拘束力→認容判決（取消判決）にのみ生じる効力

問1　Section2 **1**

行政事件訴訟法で定められた訴訟要件を満たしていない訴えについては、請求が棄却されることになる。（国家一般職2022）

問2　Section2 **2**

医療法に基づいて都道府県知事が行う病院開設中止の勧告は、当該勧告を受けた者が任意にこれに従うことを期待してされる行政指導であり、当該勧告に従わないことを理由に病院開設の不許可等の不利益処分がされることはないため、行政庁の処分には当らない。（国家一般職2023）

問3　Section2 **2**

土地区画整理事業の事業計画の決定は、当該土地区画整理事業の基礎的事項を一般的、抽象的に決定するものであって、これによって利害関係者の権利にどのような変動を及ぼすかが必ずしも具体的に確定されているわけではなく、また、事業計画が公告されることによって生じる建築制限等は土地区画整理法が特に付与した公告に伴う付随的効果にとどまるものであるから、抗告訴訟の対象となる行政処分に当たらない。（国家一般職2020）

問4　Section2 **4**

建築基準法に基づく建築確認は、それを受けなければ建物の建築に関する工事をすることができないという法的効果を付与されているにすぎないものであり、当該工事が完了した場合には、建築確認の取消しを求める訴えの利益が消滅する。（国家専門職2021）

問5　Section3 **2**

取消訴訟の請求認容判決が確定すると、行政処分の効力は遡及的に消滅するとともに、その判決の効力は第三者にも及ぶこととなる。（国家専門職2013）

解答

問1　×　棄却ではなく、却下されることになる。

問2　×　病院開設中止の勧告は、行政庁の処分に当たる。

問3　×　土地区画整理事業の事業計画の決定は、行政処分に当たる。

問4　○　工事が完了すると建築確認の取消しを求める訴えの利益は消滅する。

問5　○　請求認容判決には、形成力があることから処分の効力が遡及的に消滅する。またその判決の効力は第三者にも及ぶ。

CHAPTER 4

行政不服申立て

ここでは、行政不服審査法について学習します。行政不服審査法は、行政に対して我々国民が不服を申し立てる仕組みを規定した法律です。行政救済法とよばれる三法（他に行政事件訴訟法・国家賠償法）の中では最も重要度が低いです。入門段階では概略を押さえておけば十分でしょう。

Section 1 行政不服審査の概要

1 行政不服審査とは

　行政不服審査とは、行政庁の処分等に違法・不当がある場合に、国民の側が不服を申し立てる制度です。その制度について規定しているのが行政不服審査法になります。

　行政不服審査法は、行政不服審査制度に関する一般法として制定された法律です。したがって、個別の規定がない限り、国民はこの法律に基づき不服申立てを行うことになります。

2 行政不服審査と取消訴訟の関係

1 行政不服審査と取消訴訟の相違点

　「行政不服審査法に基づく行政不服申立て」も「行政事件訴訟法に基づく取消訴訟」も行政庁が行った処分の取り消しを求めるための仕組みです。

　しかし、次のような相違点があります。

　まず、取消訴訟は、「裁判所」に取消しを求めるものでしたが、行政不服申立ては、「行政庁」に取消しを求めるものです。

　取消訴訟は、裁判所による判断であり、公正性・中立性という点では行政不服申立てに勝っていますが、行政不服申立てにも、簡易で迅速な判断により国民の権利利益の救済を図れるという利点があります。

　また、取消訴訟において審査の対象となるのは「違法」だけでしたが、行政不服申立てでは、「違法」だけでなく「不当」に関しても審査対象となります。

板書 行政不服審査法と行政事件訴訟法の比較

	行政不服審査法による審査請求	行政事件訴訟法による取消訴訟
審査機関	行政機関	裁判所
審査対象	違法・不当	違法
特徴	簡易・迅速	慎重・公正
手続方式	原則：書面審理	原則：口頭審理

大切！ 取消訴訟で審査対象となり得るのは「違法」のみ、行政不服審査では「不当」も対象となる。

2 不服申立てと取消訴訟の選択

審査請求も取消訴訟も同じように処分の取消しを求めるものです。

両方とも選択可能な場合、処分について審査請求を行うか、処分の取消しの訴えを提起するかは、**原則として自由に選択**できます（自由選択主義）。

審査請求を行った後に取消訴訟を起こすことも、両者を同時に行うことも可能です。

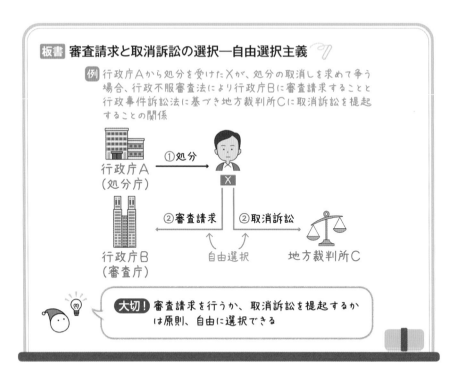

板書 審査請求と取消訴訟の選択─自由選択主義

例 行政庁Aから処分を受けたXが、処分の取消しを求めて争う
場合、行政不服審査法により行政庁Bに審査請求することと
行政事件訴訟法に基づき地方裁判所Cに取消訴訟を提起
することの関係

行政庁A
（処分庁）

①処分

X

②審査請求　②取消訴訟

自由選択

行政庁B
（審査庁）

地方裁判所C

大切！ 審査請求を行うか、取消訴訟を提起するか
は原則、自由に選択できる

　ただし、例外的に、個別の法律に当該処分についての<u>審査請求に対する裁</u>
<u>決を経た後でなければ取消訴訟を提起できない</u>旨の定めがあるときは、審査
請求の裁決を経た後でなければ取消訴訟を提起できません（<u>審査請求前置</u>）。

その場合は、審査請求⇒裁決⇒取消訴訟という順番を踏まなければ
なりません。

　行政不服審査法は、平成26年に全面的な改正がされています。
　改正の大きなポイントは、不服申立ての手続が<u>「審査請求」に一本化</u>され
たことと、<u>行政不服審査会への諮問</u>が義務付けられたことです。

3 目的

　行政不服審査法は、「行政庁の違法又は不当な処分その他公権力の行使に当たる行為に関し、国民が簡易迅速かつ公正な手続の下で広く行政庁に対する不服申立てをすることができるための制度を定めることにより、簡易迅速な手続による国民の権利利益の救済を図るとともに、行政の適正な運営を確保することを目的」としています（1条1項）。

　行政不服審査法は、行政に対する不服申立ての手続に関する一般法です。

4 適用除外

　行政不服審査法では、一般概括主義（がいかつ）が採用されています。

　これは、「処分」や「不作為」に該当する場合には、一般的に不服申立ての対象となることを認めた上で、適用を除外する事項を個別に明記していく考え方です。

> 行政不服審査法の前身である訴願法では、不服申立ての対象となる事項を列挙し、それ以外は不服申立てができないとする「列記主義」という考え方が採用されていました。

　審査請求ができない処分としては、国会や裁判所の議決によってされる処分や税の犯則（はんそく）事件について税務署長がする処分、外国人の出入国に関する処分などが挙げられています。

5 不服申立ての種類

　行政不服審査法の規定する不服申立てには、①審査請求、②再調査の請求、③再審査請求の3種類があります。

1 審査請求

　行政不服審査法において原則とされる不服申立てです。これが不服申立て

行政法

CH 4
行政不服申立て

の中心になりますので、次のSectionで詳しく学習します。

2 再調査の請求

再調査の請求は、処分庁に対して行う不服申立てです。

行える場合が限定されている例外的な位置づけの不服申立てになっています。

3 再審査請求

審査請求を行った後に再度行う審査請求です。法律が許している場合にのみ可能です。

かつては「異議申立て」と呼ばれる不服申立ての種類がありましたが、改正により廃止され、現在は存在していません。

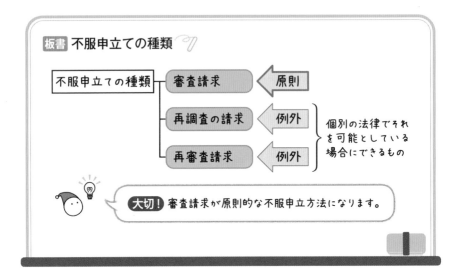

審査請求

1 審査請求の対象と審査請求人

1 対象

審査請求の対象となるのは、①処分と②不作為です。

❶ 処分

処分とは、行政庁の処分その他公権力の行使に当たる行為をいい、具体的には、不許可処分や営業停止処分などが含まれます。

> 「処分」であるか否かは、行政事件訴訟法で出てきた「処分性」が認められるか否かによって決まります。

❷ 不作為

不作為とは、法令に基づく申請に対して何らの処分もしないことをいい、営業の許可申請をしたにもかかわらず返答がない場合などを指します。

> ここでの「不作為」は、何かをしないことを全般的に指すのではなく、申請に対して行政庁が判断を出さないことに限定されているので注意しましょう。

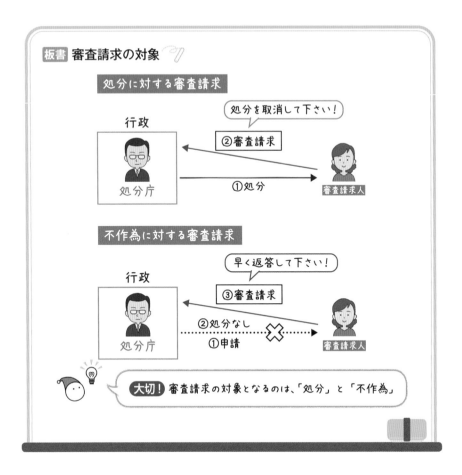

板書 審査請求の対象

処分に対する審査請求

行政

処分を取消して下さい！

②審査請求

①処分

処分庁

審査請求人

不作為に対する審査請求

行政

早く返答して下さい！

③審査請求

②処分なし

①申請

処分庁

審査請求人

大切！審査請求の対象となるのは、「処分」と「不作為」

2 審査請求人

　処分に対する審査請求は、「行政庁の処分に不服のある者」がすることができます。

処分の相手方はもちろんですが、それに限られず、第三者であっても、不服申立てをするにつき法律上の利益のある者は審査請求人になることができます。

　不作為に対する審査請求は、「処分についての申請をした者」に限られています。したがって、第三者が審査請求をすることはできません。

2 審査請求先

審査請求先は、原則として、**処分庁の最上級行政庁**になります。

このように審査請求先となる行政庁のことを「審査庁」と呼びます。

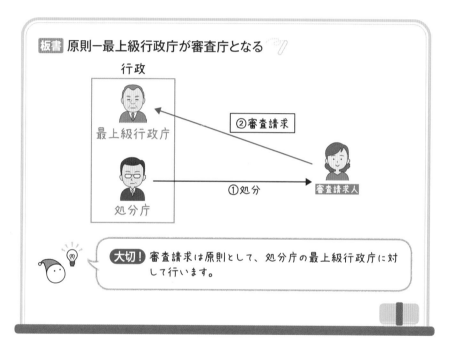

板書 原則ー最上級行政庁が審査庁となる

行政

最上級行政庁

②審査請求

処分庁

①処分

審査請求人

大切! 審査請求は原則として、処分庁の最上級行政庁に対して行います。

ただし、処分庁に上級行政庁がない場合などは例外的に、処分庁自身が審査請求先（審査庁）となります。

例えば、知事や市長には上級庁がありませんので、知事や市長が行った処分に対する審査請求先（審査庁）は、知事や市長自身となります。

行政法

CH 4

行政不服申立て

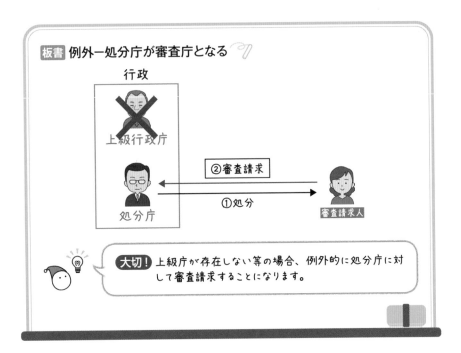

板書 例外－処分庁が審査庁となる

行政

上級行政庁

②審査請求

①処分

処分庁

審査請求人

大切！ 上級庁が存在しない等の場合、例外的に処分庁に対して審査請求することになります。

3 審査請求期間

1 処分についての審査請求

処分についての審査請求は、正当な理由がある場合を除き、以下の場合には、することができなくなります。

① 処分があったことを知った日の翌日から起算して**3カ月**を経過したとき。

② 処分の日の翌日から起算して**1年**を経過したとき。

これは行政行為の効力で学習した「不可争力」の表れです。

2 不作為についての審査請求

　不作為についての審査請求には、特に期間制限はありません。不作為の状態が継続している限りは、審査請求をすることができます。

4 審査請求の審理

1 審査の内容

　行政不服審査法に基づく審査請求の審理では、行政事件訴訟法に基づく取消訴訟の審理とは異なり、処分の**違法性**だけでなく、**不当性**についても審査可能です。

2 審査の方式

　行政不服審査法は、その目的にもあるように「簡易迅速な救済の手続」です。したがって、原則としては、**書面による審理**（書面審理）が行われます。

　ただし、審査請求人の申立てがあった場合には、原則として、審理員は申立てをした者に対し、口頭で意見を述べる機会を与えなければなりません。

5 審理員による審理

　審査請求の審理自体は、審査庁自身が行うのではなく、「審理員」と呼ばれる者が担当します。

　審理員は、審査庁により「審査庁に所属する職員」などが指名されます。

> つまり、審理員は中立的な立場にある第三者等がなるものではないので、公正性や中立性はそれほど確保されていません。

　審理員による審理は、審査請求書その他の書面に基づき行われます（書面審理）。

右側欄外（縦書き）:

行政法

CH 4 行政不服申立て

267

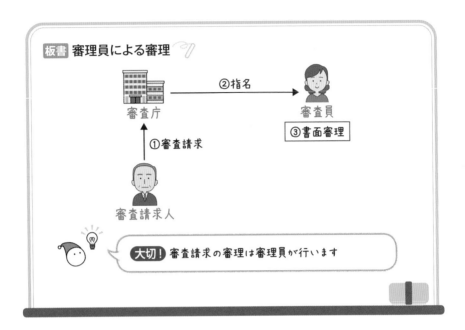

板書 審理員による審理

審査庁 ──②指名──→ 審査員

③書面審理

①審査請求

審査請求人

大切！ 審査請求の審理は審理員が行います

6 審理手続の終結

　審理員は、必要な審理を終えたと認めるときは、審理手続を終結します。

　審理手続が終結すると、審理員は遅滞なく、審査庁がすべき裁決に関する**意見書**（審理員意見書）を作成し、**審査庁に提出**します。

　審理員意見書の提出を受けた審査庁は、最終結論を出す前に、原則として**行政不服審査会等に諮問**する（意見を求める）必要があります。

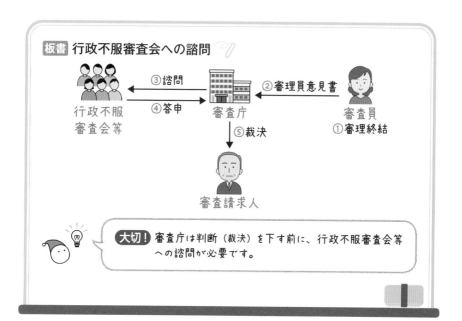

板書 行政不服審査会への諮問

行政不服
審査会等 ← ③諮問 ― 審査庁 ← ②審理員意見書 ― 審査員
→ ④答申 → ①審理終結

⑤裁決 ↓

審査請求人

大切！ 審査庁は判断（裁決）を下す前に、行政不服審査会等
への諮問が必要です。

7 審査請求の裁決

審査庁が審査請求を審査して行う判定行為を**裁決**といいます。

裁決には、**却下**、**棄却**、**認容**の3種類があります。

板書 裁決の種類

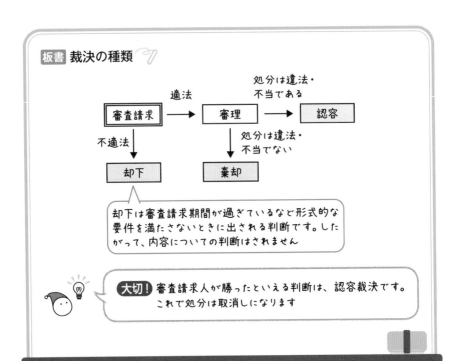

却下は審査請求期間が過ぎているなど形式的な要件を満たさないときに出される判断です。したがって、内容についての判断はされません

大切！ 審査請求人が勝ったといえる判断は、認容裁決です。これで処分は取消しになります

CHAPTER 4　行政不服申立て　過去問チェック！

問1　Section1 **2**

行政庁の処分に対して法令の規定により審査請求することができる場合には、原則として、審査請求に対する裁決を経た後でなければ取消訴訟を提起することができない。（国家一般職2022）

問2　Section1 **4**

行政不服審査法は、一般概括主義を採用し、処分・不作為・行政立法・行政指導等の態様を問わず、広く行政作用全般について審査請求を認めている。

（国家一般職2018）

問3　Section2 **1**

行政不服審査法は、国民の権利利益の救済に加えて、行政の適正な運営の確保も目的としていることから、審査請求をすることができる「行政庁の処分に不服がある者」について、必ずしも審査請求をする法律上の利益を有している必要はない旨を規定している。（国家一般職2018）

解答

問1　×　原則は自由選択であり、どちらを選択することも可能。

問2　×　一般概括主義は採用しているが、対象となるのは処分と不作為であり、行政立法や行政指導に対する審査請求は認められていない。

問3　×　審査請求をすることができるのは法律上の利益を有している者である必要がある。

CHAPTER 5

国家補償

ここでは国家補償の仕組みである国家賠償法及び損失補償制度について学習します。国家賠償法は、行政救済法に含まれる法律です。国や地方公共団体に損害賠償を求める際にはこの法律を使います。条文は6条しかなく、判例が学習の中心です。

国家賠償法

1　国家補償の全体像

　国家補償の制度には、①国家賠償制度と②損失補償制度があります。

　①**国家賠償制度**は、国・公共団体の**違法な活動**により生じた国民の損害に対し、金銭的な賠償をさせる仕組みです。一方、②**損失補償制度**は、国・公共団体の**適法な活動**により生じた国民の損失に対し金銭的補填を行う仕組みです。

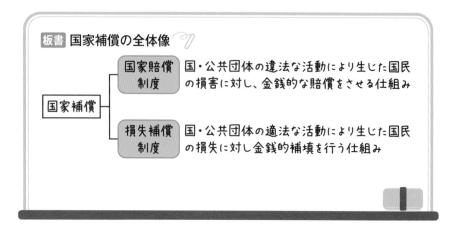

板書 国家補償の全体像

国家補償
- 国家賠償制度 … 国・公共団体の違法な活動により生じた国民の損害に対し、金銭的な賠償をさせる仕組み
- 損失補償制度 … 国・公共団体の適法な活動により生じた国民の損失に対し金銭的補填を行う仕組み

2　国家賠償制度とは

　国家賠償制度の根拠となる法律が国家賠償法です。

　憲法は、「何人も、公務員の不法行為により、損害を受けたときは、『法律』の定めるところにより、国又は公共団体に、その賠償を求めることができる。」と17条で定めて、憲法上の権利として国家賠償請求権を保障しています。

　そして、本条における『法律』とは、国家賠償法のことを指しています。

大日本帝国憲法（明治憲法）の下では、国家賠償の制度は存在せず、国民の救済は十分ではありませんでした。

国家賠償法の規定する国家賠償責任には、①1条責任と②2条責任と呼ばれる2つの責任があります。

①1条責任は、公務員という人から発生した損害についての責任です。一方、②2条責任は、公物という物や不動産から発生した損害についての責任です。

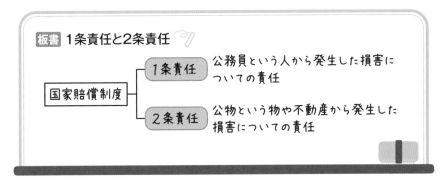

板書 1条責任と2条責任

国家賠償制度 ── 1条責任 ── 公務員という人から発生した損害についての責任

国家賠償制度 ── 2条責任 ── 公物という物や不動産から発生した損害についての責任

3 国家賠償法1条の責任

1 1条責任とは

国家賠償法1条の責任（1条責任）とは、公権力の行使に当る公務員が、その職務を行うについて、故意又は過失によって違法に他人に損害を加えた場合に、その公務員が属する国又は公共団体が負う賠償責任です。

例えば、国家公務員が、職務のため車の運転をしている際に、過失により事故を起こしてしまった場合には、被害者に対して、国が賠償責任を負うことになります。

加害公務員が所属する国や公共団体が責任を負うので、東京都の職員が事故を起こした場合は東京都が、横浜市の職員が事故を起こした場合は横浜市が責任を負うことになります。

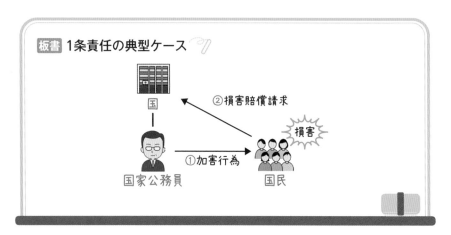

『板書』1条責任の典型ケース

国

②損害賠償請求

損害

①加害行為

国家公務員　　　　国民

2 1条責任の性質

どうして公務員が与えた損害についての賠償責任を国や地方公共団体が負うのでしょうか？

それは、加害者である公務員が本来負うべき賠償責任を国や地方公共団体が肩代わりしている、と一般に考えられています。このような考え方を「代位責任説」と呼びます。

代位とは、代わって行うことを意味する言葉です。民法でも『債権者代位権』というのがありましたね。本来は加害公務員が負うべきですが、もしその公務員に賠償するだけの資力がない場合、被害者は救済を受けられなくなってしまいます。そこで、賠償する能力に問題がない国や地方公共団体が肩代わり形で責任を負うことで国民の救済を図ろうとしているのです。

3 加害公務員個人の責任と求償

❶ 加害公務員個人の責任

被害者に対する責任は、直接的には国や地方公共団体が負いましたので、

加害公務員個人は、被害者に対して直接個人責任は負わないとされています。

　したがって、被害者は、加害公務員個人に対して損害賠償請求をすることができません。

❷　求償

　加害公務員は、被害者に対して、直接には賠償責任を負いませんが、賠償をした国や地方公共団体から「肩代わりして支払ったお金を返して下さい！」という請求を受ける場合があります。これを求償といいます。

> 求償とは、民法の連帯債務の所でも登場しましたが、「肩代わりをした分を返してください」と支払いをした者が、本来責任のある者に対して支払いを求めることを意味する言葉です。

　加害公務員が国や地方公共団体から求償されるのは、**故意または重大な過失（重過失）**があった場合です。

> つまり、加害公務員に軽過失しかなかった場合には、求償されることはないということです。

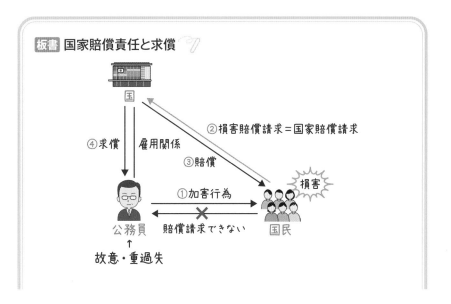

板書 国家賠償責任と求償

国

②損害賠償請求＝国家賠償請求

④求償　雇用関係

③賠償

損害

①加害行為

公務員　　×　賠償請求できない　　国民

↑
故意・重過失

大切！ 加害公務員個人に対する賠償請求は認められない
賠償した国等は、故意・重過失ある加害公務員に対
しては求償ができる

4 1条責任の要件

1条責任が成立するためには、次の要件を満たす必要があります。

板書 1条責任と要件

① 「公権力の行使」であること
② 加害者が「公務員」であること
③ 「職務を行うについて」発生した損害であること
④ 加害者である公務員（加害公務員）に故意または過失があること
⑤ 加害行為が違法であること
⑥ 損害が発生したこと

大切！ 国家賠償法で試験上重要となる①②③の要件です

❶ 要件①「公権力の行使」であること

国家賠償法1条における「公権力の行使」とは大変広い概念になっており、
(a) 純粋な私経済活動（医療行為を含む）と (b) 公物の設置・管理作用を除く、
全ての活動が含まれるとされています。

(a) は民法を適用して処理されるので除かれています。(b) は、国家
賠償法の2条責任の対象になることから除かれています。

したがって、行政行為や行政上の強制措置などの権力的活動だけでなく、行政指導や公立学校での教育活動等の非権力的な活動も含まれます。

さらに、立法作用（国会・国会議員が行う立法行為等）や司法作用（裁判官が行う行為等）も含まれています。

❷　要件②加害者が「公務員」であること

ここでの「公務員」は、法律上、国家公務員や地方公務員の身分を有している必要はありません。正規の職員はもちろん非常勤の職員や臨時職の者も含みます。

さらに、報酬の有無も関係がないのでボランティアで公務を行っている者も含まれますし、公務の委託を受けた民間人も含まれます。

つまり、ここでの「公務員」は、公務を遂行している人を広く含む概念になっています。

❸　要件③「職務を行うについて」発生した損害であること

「職務を行うについて」の意味については、必ずしも職務を遂行している場合に限定されません。実際は職務を遂行していなかったとしても、客観的に見て職務執行の外形を備えているときには、「職務を行うについて」に含まれると解釈されています。

つまり。外から見て、職務を遂行しているように見える場合には、たとえ職務の遂行中でなかったとしても国家賠償責任が成立し得るということです。このような考え方を外形説もしくは客観説と呼びます。

例えば、非番中の警視庁所属の警察官が制服制帽を着用し、職務質問を装い強盗を働こうとして、結果として殺人を犯した事件では、加害者である警察官が所属する東京都に対する国家賠償請求が認められています。

4 　国家賠償法2条の責任

道路、河川等の公の営造物の設置・管理に瑕疵があったために国民に損害を生じた場合、設置・管理者である国・公共団体が賠償責任を負います（2

条)。

　「公の営造物」とは、公物とほぼ同じ意味で使われています。道路、公園などの人工公物と河川、海浜などの自然公物に分類できます。

　ここでいう瑕疵とは、通常有すべき安全性が欠けていることをいい、客観的に瑕疵が存在していれば、無過失であっても、国・公共団体は賠償責任を負うことになります（無過失責任）。

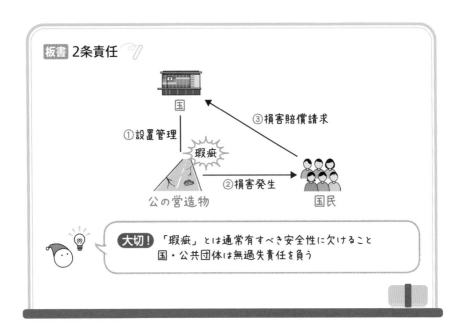

板書 2条責任

①設置管理
瑕疵
公の営造物

国

③損害賠償請求

②損害発生

国民

大切！「瑕疵」とは通常有すべき安全性に欠けること
国・公共団体は無過失責任を負う

5　相互保証主義

　国家賠償法6条は、「この法律は、外国人が被害者である場合には、相互の保証があるときに限り、これを適用する。」と規定しています。

　これを「相互保証主義」といい、被害者である外国人の出身国において、日本国民が国家賠償制度の適用が受けられる場合に、当該外国人も国家賠償が受けられることになります。

Section 2 損失補償

1 損失補償制度とは

　財産権を保障した憲法29条は、その3項において、「私有財産は、正当な補償の下に、これを公共のために用ひることができる。」と規定しています。これが損失補償制度の根拠となります。

　損失補償制度は、国家の適法行為により財産的損失を受けた国民に対して、損失を補う金銭的給付等をすることで救済を図る制度です。

　たとえば、道路を作る、ダムを作るというのは国民が生活をしていくために必要な行為ですが、このような公共的な事業を行う場合、国民の所有する土地などを取り上げる必要も生じます。その際、適法な行政活動とはいえ、特定の人に財産上の損害が生じる場合があります。特定の人のみに負担を押し付けるのは公平とはいえません。

　そこで、公平な負担を図る観点から、社会全体としてそれを補填していく仕組みが損失補償制度になります。

2 損失補償制度の根拠法

　損失補償制度には、国家賠償制度における国家賠償法のような一般法は存在していません。したがって、個別の法律を根拠に補償が行われることになります。代表的な法律が「土地収用法」です。

土地収用法は、公共的な施設である道路、鉄道、発電所などを作る際、その用地の取得を強制的に行うことを可能とする法律であり、そのための手続や補償について規定しています。

　しかし、損失補償を求める権利は憲法29条3項で認められた憲法上の権利なので、たとえ損失補償の根拠となる個別の法律がなかったとしても、憲法29条3項を直接の根拠として損失補償を求めることは可能とされています。

3 補償が必要なのは?

では、実際に補償が必要となるのはどのような場合なのでしょうか?

損失補償制度は負担の公平な分担を図るためのものでした。したがって、損失に対する補償が必要となるのは、補償をしないと不公平になってしまうような場合と考えられます。

一般的には、特定の個人に対して「特別の犠牲」を課す場合には、損失の補償が必要であると考えられています。

したがって、財産権の制約により損失が生じれば無条件に損失補償を受けられるわけではありません。仮にそれが特別な犠牲とはいえず、社会生活において一般に受忍すべき限度を超えていない制約となると補償はなされないことになります。

CHAPTER 5　国家補償　過去問チェック！

問1　Section1 3

国又は公共団体の公権力の行使に当たる公務員が、重大な過失によって違法に他人に損害を加えたときは、国又は公共団体はこれを賠償しなければならないが、国又は公共団体は、その公務員に対して求償権を有しない。(特別区Ⅰ類2014)

問2　Section1 3

国家賠償法第1条第1項にいう「公権力の行使」とは、国家統治権の優越的な意思の発動たる作用を指すため、非権力的行為である行政指導や公立学校における教師の教育活動は「公権力の行使」に当たらない。(国家専門職2013)

問3　Section1 5

日本国憲法の基本的人権は外国人にも保障されるので、公務員の不法行為による被害者が外国人であるときは、いかなる場合であっても国家賠償法の規定は適用される。(特別区Ⅰ類2014)

問4　Section2 2

公共の用に供するために財産権を収用ないし制限された者には、法律に補償の規定がなくても、日本国憲法で定めている財産権の保障の規定に基づいて損失補償請求権が発生する。(特別区Ⅰ類2015)

問5　Section2 3

公共の利用に供するために財産権が制約され損失が生じれば、それが社会生活において一般に要求される受忍の限度をこえていなくても、無条件に損失補償が受けられる。(特別区Ⅰ類2015)

解答

問1 ✕　前半は正しいが後半が誤っている。公務員に故意又は重大な過失が
あった場合、国又は公共団体は、その公務員に対して求償権を有する
（国家賠償法1条2項）。

問2 ✕　行政指導や公立学校における教師の教育活動も「公権力の行使」に
当たる。

問3 ✕　国家賠償法の規定は、外国人が被害者である場合には、相互の保証
があるときに限り適用される（相互保証主義、国家賠償法6条）。

問4 ○　憲法上補償を要する特別の犠牲が生じている場合には、損失補償に
関する規定がなくても直接憲法29条3項を根拠にして損失補償請求が
できる（判例）。

問5 ✕　損失補償は特定の個人に特別な犠牲を生じさせた場合に必要とな
る。財産権の制約が社会生活上の一般に要求される受忍限度を超えな
いものであるときは、財産権に内在する制約（内在的制約）として損
失補償は不要と解されている。

CHAPTER 6

行政の組織・情報公開

ここでは行政法の最後のテーマとして、「行政の組織」と「情報公開」についてまとめて学習していきます。「行政の組織」は、出題されることが少なく重要度は低いです。「情報公開」については、情報公開法の概要を押さえておきましょう。

Section 1

行政の組織

1 行政主体と行政機関

1 行政主体

　行政主体とは、自己の名と責任で行政を行うことにより、行政上の権利・義務の帰属主体となる団体（法人）のことをいいます。

　例としては、国・地方公共団体（都道府県・市町村・特別区）のほか、公共組合や独立行政法人などを挙げることができます。

> 行政の世界において、権利能力を有する主体＝法人格を有する団体を指す概念です。

2 行政機関

　行政主体は、法人格ある団体を指す概念ですから、自然人のように"頭脳""手足"をもつ存在では当然ありません。

　そこで、行政主体のために行政活動を行う地位にある自然人またはその集団が必要になります。それを行政機関といいます。

　この行政機関は、①行政庁、②補助機関、③執行機関、④諮問機関、⑤参与機関、⑥監査機関に分類されています。

　最も重要なのは、①行政庁です。

　行政庁とは、行政主体の意思または判断を決定し、外部に表示する権限を有する行政機関をいいます。

　具体的には、各省大臣、都道府県知事、市町村長などを指します。

> いわば行政主体の"頭脳"にあたる役割を担うのが「行政庁」です。
> 警察庁や消防庁のように「庁」が付く行政組織の総称などではないので注意しましょう。

行政庁は、**独任制**（1人が選任される）が原則ですが、例外的に**合議制**の行政庁も存在します（例：内閣・公正取引委員会など）。

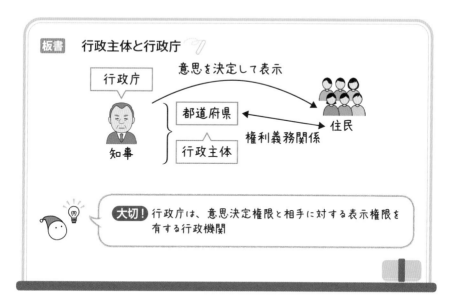

板書 行政主体と行政庁

意思を決定して表示

行政庁 → 知事

都道府県
行政主体

住民

権利義務関係

大切！ 行政庁は、意思決定権限と相手に対する表示権限を有する行政機関

2 国家行政組織

　国の行政組織は、**内閣**を頂点として、その下に1府11省が設置されています。さらに、府や省には、庁・委員会といった**外局**も置かれています（例：国税庁・公正取引委員会など）。

　内閣は、内閣総理大臣と国務大臣で構成される合議制の機関であり、行政各部は内閣の統轄のもと、行政権を行使していくことになります。

　内閣には、**内閣府**が置かれ、重要政策に関して内閣の事務を助けることを任務としています。

　省は、内閣の統轄の下に行政事務をつかさどる機関として置かれ、各省の長である各省大臣は、「主任の大臣」として、それぞれ行政事務を分担管理します。

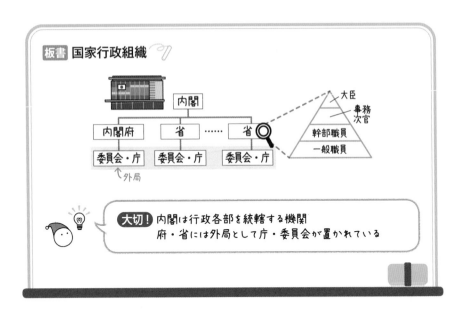

板書 国家行政組織

内閣

内閣府 — 省 …… 省

委員会・庁 委員会・庁 委員会・庁

↑外局

大臣
事務次官
幹部職員
一般職員

大切! 内閣は行政各部を統轄する機関
府・省には外局として庁・委員会が置かれている

---

3 公務員・公物

1 公務員

公務員は、国家公務員・地方公務員の区別があります。また、**一般職**と**特別職**に区別されています。

選挙で選ばれる議員や政治的に任命される者（大臣・副知事・副市長）などは特別職になります。

国家公務員法、地方公務員法は、一般職の公務員に適用され、特別職の公務員には原則として適用されません。

2 公物

公物とは、河川・道路・公園・庁舎などのように、国または公共団体によって供される個々の有体物をいいます。

公物には、いくつかの分類がありますが、①**自然公物**と②**人工公物**の区別は国家賠償法でも使います。

❶　自然公物

　自然の状態ですでに公の用に供することができる（一般の人が利用できる）物をいい、河川、海浜などを指します。

❷　人工公物

　行政主体が人工的に設置したものであり、道路、公園などを指します。

Section 2 情報公開

1 情報公開制度の概要

1 情報公開法とは

　国の行政機関が保有する情報の公開を求める情報公開についての仕組みを規定しているのが情報公開法です。

　この法律は、地方公共団体は対象としていません。地方公共団体についての情報公開についての仕組みは、各地方公共団体が条例によって規定することになっています。

2 情報公開法の目的

　情報公開法の目的は、条文上は、「国民主権の理念にのっとり、政府の国民に説明する責務（説明責任）が全うされるようにするとともに、公正で民主的な行政の推進に資すること」が挙げられています。

> 法の目的の中に「国民の知る権利に応える」という趣旨も広い意味では含まれていると考えられてはいますが、条文には明記されていません。

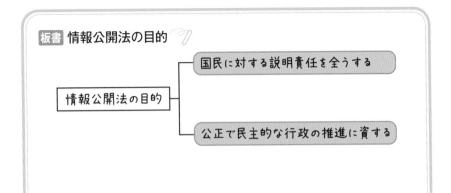

板書 情報公開法の目的

情報公開法の目的
- 国民に対する説明責任を全うする
- 公正で民主的な行政の推進に資する

大切! 法の目的として「国民の知る権利に応えること」は法律に明記されてはいないので注意しましょう。

3 情報公開法の対象

❶ 対象機関

情報公開法の対象となる機関は、「**国の行政機関**」です。

財務省や防衛省などの省庁はもちろん会計検査院や人事院も含まれます。

一方、立法機関である国会や司法機関である裁判所は含まれませんし、地方公共団体も含まれていません。

❷ 対象となる情報

情報公開法による公開請求の対象となる情報は「**行政文書**」です。

「行政文書」とは、①行政機関の職員が職務上作成、取得し、②当該行政機関の職員が組織的に用いるものとして、③当該行政機関が保有している文書、図画、電磁的記録を指します。

したがって、職員が個人的に用いるためのメモなどは含みません。一方、「文書」となっていますが、パソコン等に保存されているデジタルなデータ（電磁的記録）も含みます。

2 開示請求の仕組み

1 開示請求権者

誰でも行政機関の長に対して、その保有する行政文書の開示を請求することができます。

個人・法人の区別なく、日本国籍を有することも、日本国内に居住することも要件とされていません。

したがって、国外に居住する外国人や外国法人であっても開示請求は可能です。本当に誰でもOKということです。

2 開示請求の相手方

行政文書の開示を求めたい者は、開示を求める行政文書を保有していると考えられる行政機関の長に開示請求を行います。

例えば、厚生労働省が保有すると考えられる行政文書の開示を求める場合には、厚生労働大臣に対して開示請求書を提出して行います。

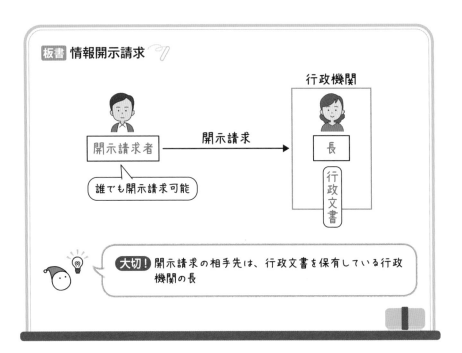

板書 情報開示請求

行政機関

開示請求者 ─ 開示請求 → 長

誰でも開示請求可能

行政文書

大切！ 開示請求の相手先は、行政文書を保有している行政機関の長

3 開示義務

開示請求があった場合、行政機関の長は、開示請求者に対し、法が定める不開示情報に該当しない限りは、当該行政文書を開示しなければなりません。

3 開示・不開示の決定と不服申立て

1 開示・不開示の決定

開示請求を受けた行政機関の長は、原則として、開示請求があった日から30日以内に、開示もしくは不開示の決定をしなければなりません。

2 決定に不服がある場合

開示決定・不開示決定は、いずれも行政事件訴訟法及び行政不服審査法の「処分」に該当します。

したがって、それに不服がある者は、行政事件訴訟法に基づく取消訴訟および行政不服審査法に基づく不服申立て（審査請求）をすることが可能です。

問1　Section2 **1**

会計検査院や人事院は情報公開法の対象機関に含まれるが、国会と裁判所は同法の対象機関に含まれない。（国家一般職2023）

問2　Section2 **2**

我が国に居住する外国人は、行政機関の長に対し、当該行政機関の保有する行政文書の開示を請求することができる。他方、外国に居住する外国人は、我が国の行政機関の保有する行政文書の開示を請求することができない。（国家一般職2014）

問3　Section2 **2**

不開示決定は申請に対する拒否処分に当たるので、不開示決定に不服がある場合、請求者は、当該不開示決定の取消訴訟を提起することができる。（国家一般職2023）

解答

問1 ○　会計検査院や人事院は、「国の行政機関」なので含まれる。一方、
国会と裁判所は、「行政」機関ではないので含まれない。

問2 ×　外国に居住する外国人も請求することができる。

問3 ○　不開示決定に対しては取消訴訟が提起可能。

索　引

298

【執筆者】
早川兼紹（はやかわ　けんしょう）
　慶應義塾大学文学部卒。
　長年の大手資格試験予備校での講師経験により培った受験指導のノウハウを生かして教材制作・講師派遣の㈱FirstRiver を設立し、現在同社代表取締役。
　主な著書には、『行政書士試験 肢別問題集』、『行政書士試験 過去問ゼミナールシリーズ（全4冊）』、『みんなが欲しかった！ 公務員 憲法の教科書＆問題集』、『同 民法の教科書＆問題集』（TAC出版）などがある。

みんなが欲しかった！
公務員 合格へのはじめの一歩 法律科目　第2版

2021年2月1日　初　版　第1刷発行
2024年3月25日　第2版　第1刷発行

編　著　者	ＴＡＣ株式会社
	（公務員講座）
発　行　者	多　田　敏　男
発　行　所	ＴＡＣ株式会社　出版事業部
	（ＴＡＣ出版）

〒101-8383
東京都千代田区神田三崎町3-2-18
電話 03(5276)9492(営業)
FAX 03(5276)9674
https://shuppan.tac-school.co.jp

組　　　版	株式会社　グ ラ フ ト
印　　　刷	株式会社　光　　　邦
製　　　本	東京美術紙工協業組合

© TAC 2024　　Printed in Japan　　ISBN 978-4-300-11083-6
N.D.C. 317

公務員講座のご案内

大卒レベルの公務員試験に強い!

2022年度 公務員試験

公務員講座生[1]
最終合格者延べ人数[2]

5,314名

国家公務員（大卒程度）	計	**2,797**名
地方公務員（大卒程度）	計	**2,414**名
国立大学法人等 大卒レベル試験		**61**名
独立行政法人 大卒レベル試験		**10**名
その他公務員		**32**名

※1 公務員講座生とは公務員試験対策講座において、目標年度に合格するために必要と考えられる、講義、演習、論文対策、面接対策等をパッケージ化したカリキュラムの受講生です。単科講座や公開模試のみの受講生は含まれておりません。
※2 同一の方が複数の試験種に合格している場合は、それぞれの試験種に最終合格者としてカウントしています。（実合格者数は2,843名です。）
＊2023年1月31日時点で、調査にご協力いただいた方の人数です。

1位 全国の公務員試験で合格者を輩出!

詳細は公務員講座（地方上級・国家一般職）パンフレットをご覧ください。

2022年度 国家総合職試験

公務員講座生[1]

最終合格者数 **217名**

法律区分	**41**名	経済区分	**19**名
政治・国際区分	**76**名	教養区分[2]	**49**名
院卒/行政区分	**24**名	その他区分	**8**名

※1 公務員講座生とは公務員試験対策講座において、目標年度に合格するために必要と考えられる、講義、演習、論文対策、面接対策等をパッケージ化したカリキュラムの受講生です。単科講座や公開模試のみの受講生は含まれておりません。
※2 上記は2022年度目標公務員講座最終合格者のほか、2023年度目標公務員講座生の最終合格者40名が含まれています。
＊上記は2023年1月31日時点で調査にご協力いただいた方の人数です。

2022年度 外務省専門職試験

最終合格者総数55名のうち
54名がWセミナー講座生です。[1]

合格者占有率[2] **98.2%**

外交官を目指すなら、実績のWセミナー

※1 Wセミナー講座生とは、公務員試験対策講座において、目標年度に合格するために必要と考えられる、講義、演習、論文対策、面接対策等をパッケージ化したカリキュラムの受講生です。各種オプション講座や公開模試など、単科講座のみの受講生は含まれておりません。また、Wセミナー講座生はそのボリュームから他校の講座生と掛け持ちすることは困難です。
※2 合格者占有率は「Wセミナー講座生[※1]最終合格者数」を、「外務省専門職採用試験の最終合格者総数」で除して算出しています。また、算出した数字の小数点第二位以下を四捨五入して表記しています。
＊ 上記は2022年10月10日時点で調査にご協力いただいた方の人数です。

WセミナーはTACのブランドです

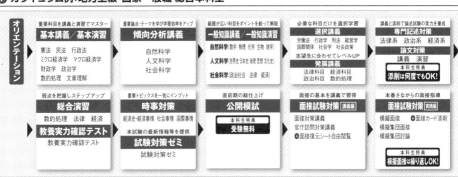

公務員講座のご案内

無料体験入学のご案内
3つの方法でTACの講義が体験できる!

教室で体験
迫力の生講義に出席 　予約不要!　最大3回連続出席OK!

1. 校舎と日時を決めて、当日TACの校舎へ
TACでは各校舎で毎月体験入学の日程を設けています。

2. オリエンテーションに参加（体験入学1回目）
初回講義「オリエンテーション」にご参加ください。体験入学ご参加の際に個別にご相談をお受けいたします。

3. 講義に出席（体験入学2・3回目）
引き続き、各科目の講義をご受講いただけます。参加者には体験用テキストをプレゼントいたします。

- ●最大3回連続無料体験講義の日程はTACホームページと公務員講座パンフレットでご覧いただけます。
- ●体験入学はお申込み予定の校舎に限らず、お好きな校舎でご利用いただけます。
- ●4回目の講義前までにご入会手続きをしていただければ、カリキュラム通りに受講することができます。

※地方上級・国家一般職、理系（技術職）、警察・消防以外の講座では、最大2回連続体験入学を実施しています。また、心理職・福祉職はTAC動画チャンネルで体験講義を配信しています。
※体験入学1回目や2回目の後でもご入会手続きは可能です。「TACで受講しよう!」と思われたお好きなタイミングで、ご入会いただけます。

ビデオで体験
校舎のビデオブースで体験視聴

TAC各校のビデオブースで、講義を無料でご視聴いただけます。（要予約）

各校のビデオブースでお好きな講義を視聴できます。視聴前日までに視聴する校舎受付までお電話にてご予約をお願い致します。

ビデオブース利用時間　※日曜日は④の時間帯はありません。
① 9:30～12:30　② 12:30～15:30
③ 15:30～18:30　④ 18:30～21:30

※受講可能な曜日・時間帯は一部校舎により異なります。
※年末年始・夏期休業・その他特別な休業以外は、通常平日・土日祝祭日にご覧いただけます。
※予約時にご希望日とご希望時間帯を合わせてお申込みください。
※基本講義の中からお好きな科目をご視聴いただけます。（視聴できる科目は時期により異なります）
※TAC提携校での体験視聴につきましては、提携校各校へお問合せください。

Webで体験
スマートフォン・パソコンで講義を体験視聴

TACホームページの「TAC動画チャンネル」で無料体験講義を配信しています。時期に応じて多彩な講義がご覧いただけます。

TACホームページ **https://www.tac-school.co.jp/**

※体験講義は教室講義の一部を抜粋したものになります。

TAC出版 書籍のご案内

TAC出版では、資格の学校TAC各講座の定評ある執筆陣による資格試験の参考書をはじめ、資格取得者の開業法や仕事術、実務書、ビジネス書、一般書などを発行しています！

TAC出版の書籍

*一部書籍は、早稲田経営出版のブランドにて刊行しております。

資格・検定試験の受験対策書籍

- 日商簿記検定
- 建設業経理士
- 全経簿記上級
- 税　理　士
- 公認会計士
- 社会保険労務士
- 中小企業診断士
- 証券アナリスト

- ファイナンシャルプランナー(FP)
- 証券外務員
- 貸金業務取扱主任者
- 不動産鑑定士
- 宅地建物取引士
- 賃貸不動産経営管理士
- マンション管理士
- 管理業務主任者

- 司法書士
- 行政書士
- 司法試験
- 弁理士
- 公務員試験(大卒程度・高卒者)
- 情報処理試験
- 介護福祉士
- ケアマネジャー
- 電験三種　ほか

実務書・ビジネス書

- 会計実務、税法、税務、経理
- 総務、労務、人事
- ビジネススキル、マナー、就職、自己啓発
- 資格取得者の開業法、仕事術、営業術

一般書・エンタメ書

- ファッション
- エッセイ、レシピ
- スポーツ
- 旅行ガイド (おとな旅プレミアム/旅コン)

TAC出版

(2024年2月現在)

書籍のご購入は

1 全国の書店、大学生協、ネット書店で

2 TAC各校の書籍コーナーで

資格の学校TACの校舎は全国に展開!
校舎のご確認はホームページにて

資格の学校TAC ホームページ
https://www.tac-school.co.jp

3 TAC出版書籍販売サイトで

CYBER TAC出版書籍販売サイト
BOOK STORE

24時間ご注文受付中

TAC 出版 で 検索

https://bookstore.tac-school.co.jp/

新刊情報を
いち早くチェック!

たっぷり読める
立ち読み機能

学習お役立ちの
特設ページも充実!

TAC出版書籍販売サイト「サイバーブックストア」では、TAC出版および早稲田経営出版から刊行されている、すべての最新書籍をお取り扱いしています。
また、会員登録(無料)をしていただくことで、会員様限定キャンペーンのほか、送料無料サービス、メールマガジン配信サービス、マイページのご利用など、うれしい特典がたくさん受けられます。

サイバーブックストア会員は、特典がいっぱい!(一部抜粋)

通常、1万円(税込)未満のご注文につきましては、送料・手数料として500円(全国一律・税込)頂戴しておりますが、1冊から無料となります。

専用の「マイページ」は、「購入履歴・配送状況の確認」のほか、「ほしいものリスト」や「マイフォルダ」など、便利な機能が満載です。

メールマガジンでは、キャンペーンやおすすめ書籍、新刊情報のほか、「電子ブック版TACNEWS(ダイジェスト版)」をお届けします。

書籍の発売を、販売開始当日にメールにてお知らせします。これなら買い忘れの心配もありません。

公務員試験対策書籍のご案内

TAC出版の公務員試験対策書籍は、独学用、およびスクール学習の副教材として、各商品を取り揃えています。学習の各段階に対応していますので、あなたのステップに応じて、合格に向けてご活用ください!

INPUT

『みんなが欲しかった!
公務員
合格へのはじめの一歩』

A5判フルカラー

●本気でやさしい入門書
●公務員の"実際"をわかりやすく紹介したオリエンテーション
●学習内容がざっくりわかる入門講義

・数的処理（数的推理・判断推理・空間把握・資料解釈）
・法律科目（憲法・民法・行政法）
・経済科目（ミクロ経済学・マクロ経済学）

『みんなが欲しかった!
公務員 教科書&問題集』

A5判

●教科書と問題集が合体!
でもセパレートできて学習に便利!
●「教科書」部分はフルカラー!
見やすく、わかりやすく、楽しく学習!

・憲法
・【刊行予定】民法、行政法

『新・まるごと講義生中継』

A5判
TAC公務員講座講師
郷原 豊茂 ほか

●TACのわかりやすい講義を誌上で!
●初学者の科目導入に最適!
●豊富な図表で、理解度アップ!

・郷原豊茂の憲法
・郷原豊茂の民法I
・郷原豊茂の民法II
・新谷一郎の行政法

『まるごと講義生中継』

A5判
TAC公務員講座講師
渕元 哲 ほか

●TACのわかりやすい講義を誌上で!
●初学者の科目導入に最適!

・郷原豊茂の刑法
・渕元哲の政治学
・渕元哲の行政学
・ミクロ経済学
・マクロ経済学
・関野喬のパターンでわかる数的推理
・関野喬のパターンでわかる判断整理
・関野喬のパターンでわかる空間把握・資料解釈

要点まとめ

『一般知識
出るとこチェック』

四六判

●知識のチェックや直前期の暗記に最適!
●豊富な図表とチェックテストでスピード学習!

・政治・経済
・思想・文学・芸術
・日本史・世界史
・地理
・数学・物理・化学
・生物・地学

記述式対策

『公務員試験論文答案集
専門記述』

A5判
公務員試験研究会

●公務員試験（地方上級ほか）の専門記述を攻略するための問題集
●過去問と新作問題で出題が予想されるテーマを完全網羅!

・憲法〈第2版〉
・行政法